Wild

Die große Wildkochschule

Tre Torri

Inhalt

Vorwort

Wild?

Das ist eben nicht nur Hirsch-, Reh- oder Wildschweingulasch mit Preiselbeeren und Spätzle. Das ist viel mehr. Dafür bürgen schon die große Artenvielfalt und die vielseitigen Verwendungsmöglichkeiten. Schalenwild und Wildgeflügel lassen sich zu den überraschendsten Kreationen verarbeiten.

Beim Wildbret scheiden sich die Geister: Die Einen sind ganz wild auf Wild, die Anderen lehnen es ab. Warum? Weil das Thema mit zahllosen Vorurteilen besetzt ist. Damit räumt dieses Kochbuch auf, und zwar gründlich.

„Wild ist teuer": Nicht unbedingt. Man kann es zu sehr delikaten Hackfleischgerichten wie beispielsweise zu einer Bolognese oder zu Frikadellen verarbeiten, Variationen, die ganz neue Geschmackserlebnisse versprechen und den Geldbeutel nicht strapazieren.

„Wild schmeckt streng": Moderne Fleischhygiene und sachgerechte Verarbeitung widerlegen dieses Vorurteil.

„Wild ist schwer verdaulich": Zarte Rehmedaillons mit einem Wildkräutersalat beispielsweise sind an Leichtigkeit so schnell nicht zu überbieten.

„Wild ist nur was für besondere Gelegenheiten": Weit gefehlt. Ein schönes Hirschkalbsschnitzel mit Kartoffelstampf zum Beispiel ist durchaus alltagstauglich.

„Wildrezepte sind kompliziert": Geschmorte Rehhaxen etwa sind auch nicht schwieriger zuzubereiten als irgendein anderer Schmorbraten.

Es kommt immer darauf an, was man daraus macht. Und wie man es macht. Das nötige Fachwissen liefert dieses Buch: In der Schritt-für-Schritt-Kochschule werden die Grundlagen vermittelt, die verschiedenartigen Rezepte variieren auf zum Teil verblüffende Weise das Thema Wild. Und was es sonst noch Wissenswertes rund ums Wildbret zu sagen gibt, findet sich ebenfalls: Erläuterungen zu den verschiedenen Garmethoden und zu den Besonderheiten der einzelnen Fleischstücke, Ratschläge zur richtigen Handhabung und Lagerung, Hinweise auf Einkaufsquellen. Da bleibt keine Frage unbeantwortet.

Der Grundgedanke dieses Buches, Wild und Wildgerichte einem breiteren Publikum schmackhaft zu machen, drückt sich auch in der Beschränkung auf den mitteleuropäischen Raum aus, was die Herkunft des Wildbrets angeht. Skandinavische Elche, italienische Singvögel oder gar nordamerikanische Turkeys sucht man vergebens.

Es gibt eine Vielzahl von Wildkochbüchern, deren Inhalte auf althergebrachten Rezepten und Geschmacksvorstellungen basieren. Unser Wild-Kochbuch nimmt dagegen die neuen Formen der Wildbrethygiene und die bekömmliche und unkompliziertere Zubereitung neuer Geschmacksnuancen auf. Wer trotz dieser Fülle von Anregungen und Verlockungen immer noch auf seinen Vorurteilen beharrt, dem ist nicht zu helfen. Die Anderen sind herzlich zu einer abwechslungsreichen kulinarischen Entdeckungsreise eingeladen, die den Geschmackshorizont gewaltig erweitert, den Speisezettel immens bereichert und frischen Wind in die Küche bringt.

Ihr Tre Torri Verlag

Keine Angst vor Wild.

Wie sind Sie zum Jagen gekommen?

Das ist bei uns Familientradition. Das geht vielen meiner Jagdkollegen genauso, es ist wohl ein Teil des Erbguts, eine Tradition, dass man meistens durch einen Jäger in der Familie selber zum Jagen kommt. So entwickelte sich auch meine Passion zum Jagen. Für mich ist es ein großes Hobby, eine Freude, jagen zu gehen.

Gab es da ein Erweckungserlebnis in der Kindheit?

Nein, leider war es mir nicht mehr vergönnt, mit meinem Großvater auf die Jagd zu gehen. Es waren bei mir weniger die Kindheitserlebnisse, sondern ich merkte, dass das Jagen in mir steckte. Die ersten Anfänge der Jagd durfte ich hier in Münstertal erleben.

Waren Sie erst Jäger oder Koch?

Ich war zuerst Koch und konnte während der Ausbildung den Jagdschein nicht machen, weil das Lernen und die Prüfungen zeitgleich zu viel Aufmerksamkeit gefordert hätten. Erst danach habe ich mir die Zeit genommen und den Jagdschein gemacht.

Sie gehen jagen, erlegen also das Tier, bringen es heim, brechen es auf und verarbeiten es als Koch auch weiter. Ist das ein Kontrast zu den sonstigen Vorgängen in Ihrer Küche, wenn Sie eher mit frischen Produkten beliefert werden?

Es gibt durchaus die Situation, dass Restaurants mit halben Kälbern, Ziegen, Rindervierteln usw. beliefert werden und die Köche die Tiere dann auch komplett verwerten. Die Verarbeitung ist einem Koch daher nicht fremd. Etwas anderes ist es natürlich, das Tier selber zu schießen und an allen folgenden Prozessen der Verarbeitung beteiligt zu

sein. Da überschneidet sich bei mir schon die Rolle des Jägers mit der des Kochs. In ländlichen Gebieten gibt es viele Gasthäuser, die Wild in der Decke kaufen. Da ist es nicht so etwas Besonderes, und die Köche sind es durchaus gewöhnt, die erlegten Tiere zu verarbeiten. Die Erlegung und Versorgung ist gleichermaßen Handwerk, wie die Handgriffe der Köche mit Handwerk zu tun haben. Man muss das erlegte Tier sauber und schnell ausbrechen, genauso wie Schlachtfleisch behandeln, d.h. man muss es nach allen Hygienevorschriften säubern und so schnell wie möglich in die Kühlung bringen. Das ist der eigentliche jägerische Part. Und da kommt es wie bei jedem anderen Beruf darauf an, dass man sein Handwerk beherrscht.

Welche Tiere kann man in Ihrer Region jagen?

Hier im Schwarzwald haben wir Reh, Gämsen, Wildschweine und Hasen. Flugwild, wie Enten und Fasane, gibt es erst wieder in der Rheinebene.

Können Sie beschreiben, wie viel Prozent der Gerichte in Ihrem Restaurant im Spielweg Wildgerichte sind?

Das ist jahreszeitlich sehr unterschiedlich, weil wir in der Schonzeit keine Wildgerichte anbieten. Wenn man es ganz abstrakt sieht, ist Jagdzeit im Sommer, Herbst und Winter; Rehböcke dürfen schon ab dem 1. Mai geschossen werden. In dieser Zeit haben wir mindestens zwei Wildgerichte auf der Karte. Wenn wir z.B. Wildleber anbieten können oder ein Wildschwein geschossen haben, machen wir eine Extra-Karte mit dem Hinweis, dass die Tiere aus der eigenen Jagd oder dem Münstertal stammen. Insgesamt denke ich, dass wir im Jahr bei den Hauptgängen 25 Prozent Wildgerichte verkaufen.

Gibt es im Spielweg, der seit Generationen von Ihrer Familie geführt wird, traditionelle Wildrezepte, die weiter gereicht wurden? Haben Sie z.B. ein spezielles Rezept für Rehpfeffer?

Das ist ein gutes Beispiel, denn es wird immer wieder diskutiert, wie traditionelle Rezepte interpretiert werden. Man muss genau darauf achten, wodurch sich ein Rehgulasch von einem Rehpfeffer unterscheidet. Denn ein klassischer Rehpfeffer wird mit Blut gebunden. Die Proteine im Blut lassen die Sauce stocken. So hat man das vor 25 Jahren noch überall gemacht. Die pechschwarze Sauce ist nicht mehr jedermanns Sache, obwohl es für viele Köche und Liebhaber von Blutsaucen nach wie vor nichts Besseres gibt. Darum gilt es, die alten klassischen Rezepte zeitgemäß zu präsentieren und das Blut z.B. durch Stärke zu ersetzen. Rehpfeffer ist ein Gericht, das bei uns schon immer gekocht wurde, sich aber über die Jahre verändert hat. Ich empfinde es als schwierig, an alten Traditionen gnadenlos festzuhalten. Es gibt inzwischen so viele ernährungswissenschaftliche Erkenntnisse, die man berücksichtigen sollte und die dazu führen, dass sich traditionelle Rezepte heute anders gestalten. Dabei muss man als Konsequenz aber nicht auf bestimmte Geschmackserlebnisse verzichten, denn die lassen sich auch mit zeitgemäßen Methoden schaffen und transportieren. Ich mache mir Gedanken, wenn ich mir mein Angebot gestalte und meine Karte schreibe: Mit welchem Angebot animiere ich meine Gäste, zu uns zu

kommen? Mancher Koch mag sich auf Fischgerichte oder Vegetarisches spezialisieren, mir war es schon immer wichtig, die Gegend zu repräsentieren. Ich habe mich immer an die Produkte gehalten, die hier in der Umgebung wachsen und zuhause sind. So folge ich z.B. auch meinem Prinzip, keine Rehrücken dazu zu kaufen. Bei mir gibt es nur den aus dem eigenen Umfeld. Weil ich mich so mit meiner Gegend identifiziere, bringe ich es nicht übers Herz, neuseeländischen Rehrücken zu kaufen. Das ist aber eine rein emotionale Sache, denn das Wildfleisch, das aus Neuseeland kommt, hat eine großartige Qualität. Es schmeckt perfekt und gibt überhaupt kein Qualitätsproblem.

Ein Satz in diesem Buch lautet „Keine Angst vor Wild". Wovor haben die Leute Ihrer Meinung nach Angst, wenn es um die Zubereitung von Wild geht?

Ich denke, dass die Leute noch immer von der Vergangenheit geprägt sind. „Hautgout" ist nicht so leicht aus der Erinnerung zu verbannen, weil es dieser traditionelle Wildgeschmack wirklich in sich hatte. Das war im Grunde genommen verdorbenes Fleisch. Die Hasen, die wochenlang nach der Jagd hängen gelassen wurden, wurden nicht ausgenommen, hatten grün gefärbte Bauchdecken. Das Fleisch war durch Fäulnis verdorben. Um solch einen Verwesungsgeschmack weg zu bekommen, hat man früher Wildfleisch mit den ideenreichsten Gewürzkombinationen zugeknallt. Die Säure kam von Essig oder Buttermilch, und dann kam alles dazu, was die Gewürzkiste hergab: Nelken, Wacholder, Lorbeer, Piment, Pfefferkörner, Zimt. So hat man das Fleisch mariniert und alles aufgewandt, um den eigentlichen Geschmack des Wildfleisches wieder los zu werden. So hatte man im Endeffekt aber gar kein Gericht mehr, das nach Wild geschmeckt hat. Es blieb eigentlich nur noch ein totgezaubertes Fleisch mit einer wilden Gewürzmarinade. Noch heute habe ich ein Problem mit dem so genannten Wildgewürz, das man in jedem Supermarkt kaufen kann. Diese fertigen Gewürzmischungen sind für Wild völlig unpassend, es sei denn, man würde die Gewürze selber im Mörser zerstoßen und frisch zubereiten. Ich plädiere dafür, Wild viel minimalistischer zu würzen. Es ist für mich viel interessanter, das Fleisch nur mit Salz und Pfeffer zu würzen und dann z.B. mit einer Prise Chili oder einem anderen einzelnen Gewürz eine Note zu setzen. Beim Wild gibt es feine Nuancen zu entdecken und Unterschiede zwischen Reh, Damwild oder Wildschwein zu erschmecken. Es gibt nicht nur den einen Wildgeschmack, den man in der Vergangenheit kannte, sondern viele verschiedene Fleischsorten, die alle einen eigenen Geschmack haben. Einen feinen Rehgeschmack kann ich mit einem interessanten Pfeffer oder Thymianhonig oder mit Orangenblüten etwas aufpeppen, aber nicht mit den gleichen Gewürzen in einen Topf

werfen, die vielleicht eher zu Fasan, Hirsch oder Wildschwein passen. Deshalb: Finger weg vom Wildgewürz.

Was ruft Ihrer Meinung nach bei den Leuten noch unbegründete Angst vor Wild hervor?

Ich glaube, dass es auch bei vielen Angst vor dem Zubereiten gibt. Deshalb ist ein Heranführen an das Thema Wild mit einfachen, zugänglichen Rezepten sehr wichtig. Wer am Anfang ein Erfolgserlebnis hat, der macht auch mit Freude weiter. Das gilt übrigens auch für Jäger, die Wild nur ganz selten zubereiten, weil sie nicht wissen, wie man es richtig macht. Ich kenne viele Jäger, die überhaupt kein Wild essen, weil ihnen die Rezepte fehlen. Es ist schon sehr verwunderlich, dass Jäger mit den Delikatessen, die vor ihrer Haustür laufen, nur wenig anzufangen wissen, sich aber Rezepte der italienischen Pastaküche oder aus dem asiatischen Wok angeeignet haben.

Kann es auch psychologische Gründe haben, dass die Leute Schwierigkeiten mit dem archaischen Begriff „Wild" haben? Beziehen die Leute inzwischen lieber ihre Zutaten aus den Supermarktregalen als an wilde Natur, Jagen und Fell abziehen auch nur zu denken?

Im Handel kann man ja überall küchenfertiges Wildfleisch kaufen, so dass eigentlich niemand mehr, der es nicht möchte, mit dem Anblick

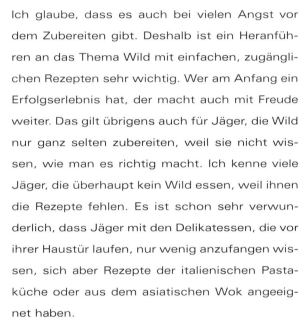

des Tiers selber konfrontiert werden muss. Ich glaube eher, dass es da Parallelen zum Verzehr von Rind- und Schweinefleisch gibt. Wildgerichte brauchen ihre Zeit, und die Leute nehmen sich nicht mehr die Muße, Schmorgerichte oder lange Braten zu machen. Fast jeder macht heute Geschnetzeltes vom Geflügel, weil es blitzschnell fertig ist. Die Familien nehmen sich ganz einfach viel weniger Zeit, das gilt ganz besonders auch fürs Kochen. Wildgerichte haben den Ruf, dass sie aufwändig sind. Darüber hinaus wurde Wild traditionell eher an Festtagen oder als Sonntagsbraten gegessen und zugleich als nicht alltagstauglich, dunkel und schwer empfunden. Natürlich ist Rehrücken etwas Besonderes und nicht so preisgünstig wie z.B. Schweinefleisch. Ich behaupte aber, dass Wild gar nicht unbedingt teurer ist als z.B. Rindfleisch, ganz besonders, wenn man direkte Quellen nutzen kann und ein ganzes Tier abnimmt und selber zerlegt. Das ist für Stadtmenschen, die eher auf den normalen Handel angewiesen sind, natürlich etwas schwieriger.

Für den Preis, den Wildfleisch hat, bekommt man aber eine sehr gute Qualität, die gerade Anhänger von Bio-Produkten und ökologischen Lebensmitteln überzeugen sollte.
Die Vorteile liegen auf der Hand: Das Wild frisst tatsächlich nur das, was es sich selber sucht und mag. Es wird nie mit Kraftfutter gefüttert oder mit Hormonspritzen aufgezogen. Es kann sich ein Leben lang frei bewegen und kennt keine Tiertransporte und Schlachthöfe. Es wird vom Jäger in freier Wildbahn erlegt und stirbt so einen schnellen und stressfreien Tod. Wildfleisch war schon immer ein natürliches, unverfälschtes Bio-Produkt im wahrsten Wortsinn. Wild sucht sich seinen Lebensraum nach der Äsung und der Ruhe aus. Man findet es also nur, wo es sich wohl fühlt, wo es zu fressen findet und sich verstecken kann. Eine Diskussion über artgerechte Tierhaltung erübrigt sich damit.

Wild ist darüber hinaus sehr gesund und besonders fettarm.
Wildfleisch hat einen minimalen Fettanteil. Bei Wildschwein gilt das mit Einschränkungen. So wird Kurzgebratenes bei guter Zubereitung super zart. Weil Wild so wenig intramuskuläre Fettanteile hat, ist es für Niedriggarmethoden nicht geeignet. Beim früher üblichen Spicken durchlöcherte man das ganze Fleisch, der Fleischsaft trat durch die Löcher aus und es wurde noch trockener.

Rehgulasch aus der Keule oder ein Rehrücken ist vielen Köchen bekannt. Welche Stücke der Tiere lassen sich noch verwerten?
Da gibt es sehr viele Möglichkeiten und Geschmackserlebnisse. So kann man z.B. aus den Flanken Rouladen machen oder die Haxen schmoren. So zeigen wir eben auch verschiedene Garmethoden, um die ganze Palette auskosten zu können. Dabei muss man die Begriffe genau definieren und etwa Braten und Schmoren voneinander unterscheiden. Darüber hinaus haben wir Rezeptklassiker genommen und in die Wildküche gebracht. So entstanden Gerichte wie Hirschkalbschnitzel Wiener Art oder Fasan-Backhendl, die man bislang auf keiner Speisekarte finden konnte. Mir ist dabei auch wichtig, dass man bei Wild auch die preiswerten Stücke verwendet. Das kann Gehacktes vom Wild sein, aber eben auch eine Sülze, die man mit Halsstücken oder aus Abschnitten macht, oder Wildentenkeulen, die, nach der Methode eines französischen Confit gegart, wunderbar schmecken. Es war uns wichtig, in diesem Buch viele Rezepte unterzubringen, die man ohne

großen Aufwand und mit wenig Geld kochen kann. Ich wünsche mir, dass die gesammelten Rezepte Anregungen sein mögen und der aufmerksame Leser dabei erkennt, dass wir uns viele Gedanken gemacht haben. Wie z.B. unser Frikassee mit Fasan, das von der Zubereitung ein wenig an Kalbsfrikassee erinnert, aber durch unsere Umsetzung für Wildfleisch eine ganz neue Garmethode liefert, nämlich Fasan zu kochen. So lassen sich sogar die Fasanenkeulen verwenden, die sonst ungenutzt weggeworfen werden.

Welchen Ansatz haben Sie bei der Entwicklung der Rezepte verfolgt?

Ich wollte kein Kochbuch für meine Kollegen machen. Mir ging es nicht darum, ein Wettkochen oder einen Fotowettbewerb zu gewinnen, sondern die Leser zum Kochen mit Wild zuhause zu animieren. Meine Rezepte werden die Leser davon überzeugen, dass sie sich an das Kochen mit Wild herantrauen können. Wir haben bei der Gestaltung des Buches darauf geachtet, eine möglichst breite Abdeckung des Themas Wild und der verschiedenen Arten zu bekommen. Da war es uns auch wichtig, aufzuzeigen, dass man bestimmte Wildarten für unsere Rezepte austauschen kann.

Welche Garmethoden wurden für die Rezepte umgesetzt?

Die Garmethoden der Rezepte unterteilen wir in Räuchern, z.B. das

warme Räuchern einer Wildentenbrust, in Kochen, z.B. das Frikassee von Fasan oder Hirschkalb, weiter geht es mit Schmoren, z.B. mit unserem Wildschweinsauerbraten. Dann differenzieren wir Braten und Schmoren mit Ansatz oder reines Braten wie bei unserem Rollbraten. Kurzbraten zeigen wir mit Rehkotelett und Wild-Medaillons. Dann haben wir Marinieren mit Essig, Wein und Gewürzen und zeigen die Herstellung einer Wildbrühe, einer Consommé und verschiedener Saucen. Mit einem hellen bzw. dunklen Wildgeflügelfond zeigen wir viele Möglichkeiten zur Herstellung einer guten Sauce, für Hobbyköche eine Herausforderung. Als weitere Garmethode haben wir Pochieren umgesetzt. Das zeigen wir z.B. mit einem Rezept für pochierten Hirschrücken. Pochieren verlangt ein sehr zartes Fleisch, also im Grunde nur Rücken- oder Filetstücke. Pochiert wird in Brühe, und wir ziehen dann aus dem Fond die Sauce mit kalter Butter. Im Weiteren zeigen wir noch Pökeln, z.B. mit gepökelten Wildschweinhaxen oder unserem Rezept für Wildsülze. Dazu kommen noch Terrine und Parfait mit z.B. Wild-Pâté und Wildgeflügelleberparfait. Diese Reihe zeigt die Grundgarmethoden eigentlich sehr umfassend auf.

Welche Garmethoden schließen sich bei Wildfleisch aus?

Wildfleisch lässt sich nicht gut grillen, weil der Hitzeleiter Fett fehlt. Eine Ausnahme bildet Wildschwein mit seiner besonderen Fettstruktur. Bei Reh und Hirsch würde ich Grillen komplett ablehnen, weil das Wildfleisch als Hitzeleiter Fett braucht. Fett als Bindeglied leitet die Hitze schön gleichmäßig weiter, z.B. beim Braten in einer Pfanne. Darum wird das Fleisch in einer Pfanne auch nicht trocken. Beim Grillen würde das Fleisch im Nu viel zu trocken, weil es auf dem Grillrost der Hitze völlig ausgeliefert wäre. Das Gleiche gilt für Niedriggarmethoden. Wo niedrigste Gartemperaturen, z.B. bei einer Lammkeule, die viel Bindegewebe und mehr Fettanteile hat, absolut hervorragend sind, ist diese Garmethode bei Wild nicht möglich. Wenn man eine Rehkeule zubereiten will, muss man sie klassisch behandeln, indem man sie anbrät und anschließend im Ofen weiter gart. Aber nicht 2 1/2 Stunden bei 110 °C, sondern nur 35 Minuten bei 160 °C. Ich halte nichts davon, wenn Wildfleisch im Kern roh bleibt. Rosa in der Mitte ist bei einem tadellosen Stück Wild wunderbar, aber „rare" wie bei einem Rinderfilet wäre nicht gut. Wild soll keinen rohen Kern haben, sondern durchgezogen sein. Darum lässt man es nach dem Garvorgang auch noch ein wenig abgedeckt ruhen, damit es durchziehen kann.

Sie betonen in Ihren Rezepten auch das Thema „rund um Wild", also die Bereiche Beeren und Kräuter.

Als Jäger ist man da vielleicht ein wenig sensibilisierter als andere, die sich weniger in der Natur aufhalten. Meines Erachtens bietet die Natur viele interessante Beiwerke, die am Wegesrand liegen und die man leider viel zu wenig beachtet. Für mich ist z.B. das Sammeln von Waldheidelbeeren ein Hochgenuss. Die Waldheidelbeeren werden in Alkohol gekocht und eingemacht. Wenn man sich dann im Spätherbst die eingemachten Beeren wieder hervorholt und sich an das mühsame Sammeln an einem schönen Sommertag erinnert, hat das doch etwas ganz Besonderes. Genauso geht es mir mit Wildkräutern, wo man selbst im Winter noch wilden Feldsalat finden kann. In den Sommermonaten kann man sich fast eine komplette Geschmacksapotheke zusammensammeln, die z.B. mit Minze, Melisse oder Thymian richtige Geschmacksexplosionen zaubern kann, wenn man sie denn richtig einsetzt. Natürlich ist Beeren- und Kräutersammeln aufwändig, es führt aber zu großen Erlebnissen und kostet nichts. Ich möchte den Anstoß dazu geben, draußen in der Natur verborgene Schätze zu heben. Ich wünsche mir, dass die Leute mit offeneren Augen durch die Landschaft laufen.

Ist das Kochen mit Wild ein rein saisonales Kochen außerhalb der Schonzeiten der Tiere?

Wir haben bei der Recherche für dieses Buch festgestellt, dass Wildfleisch beinahe ganzjährig zu bekommen ist. Es werden nahezu alle Sorten auch tiefgekühlt oder importiert angeboten. Durch die Innovationen und Entwicklungen in den Bereichen Kühlen und Tiefkühlen gibt es heute Konservierungsformen, die Wildgenuss praktisch das ganze Jahr möglich machen. Man bekommt vielleicht nicht immer alles, aber man bekommt immer etwas.

Ein Gespräch mit Karl-Josef Fuchs,
Romantik-Hotel & Restaurant Spielweg
Münstertal/Süd-Schwarzwald

Kochschule

Für 5 Liter

Wildbrühe

Ansatz für doppelte Wildkraftbrühe/Wildconsommé

Der Ansatz einer Brühe wird – je nach Farbe und Geschmack – aus blanchierten oder gerösteten Knochen hergestellt. Die Brühe dient als Suppe und kann als Consommé (doppelte Kraftbrühe) weiter verfeinert werden, um noch mehr Geschmack zu erzielen.

Dieser Ansatz wird nur dann wirklich gut, wenn eine möglichst große Menge – mindestens 5 kg – Wildknochen verarbeitet wird. Die Knochen und das Fleisch dürfen auf keinen Fall Schussverletzungen enthalten.

5 kg	*Wildknochen und Fleischreste*
800 g	*Wurzelgemüse (Karotte, Sellerie, Lauch)*
2 große	*Zwiebeln*
	Salz
5	*Kräuterstängel (z.B. Petersilie)*
2	*Lorbeerblätter*
10	*Pfefferkörner*
2	*Nelken*
8	*Wacholderbeeren*
1 TL	*Senfkörner*

Schritt für Schritt:

1. Wildknochen und Fleischreste klein hacken. Wurzelgemüse putzen, schälen und in Würfel schneiden.

2. Zwiebeln halbieren und die Schnittflächen in einer Pfanne ohne Fett dunkel bräunen; das gibt der Brühe eine schöne Bernstein-Farbe.

3. Die Knochen in kochendem Wasser etwa 5 Minuten blanchieren, herausnehmen und abwaschen. So werden alle Eiweißteilchen, die die Brühe trüb machen könnten, entfernt.

4. Die Knochen gut bedeckt in kaltem Wasser aufsetzen. Das Wurzelgemüse, die Zwiebeln, die Kräuter und die Gewürze mit einer Prise Salz zugeben.

5. Die Brühe langsam erhitzen und mindestens 2 ¼ Stunden köcheln lassen; nur dann geben die Knochen den Geschmack und das Geliermittel an die Brühe ab. Wenn sich an der Oberfläche Schaum bildet, diesen nicht abschöpfen; der Schaum besteht aus Eiweiß, das die Trübstoffe in der kochenden Brühe bindet.

6. Nach dem Kochen durch ein feines Sieb oder ein Tuch passieren.

Tipp: Die Brühe kann problemlos in kleinen Mengen eingefroren werden.

Schritt 1   Schritt 2   Schritt 5

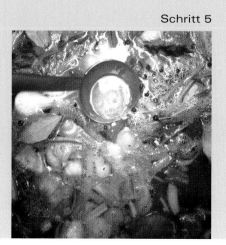

Schritt 4

Doppelte Wildkraftbrühe/ Wildconsommé

Für 4 Liter

3	Eiweiße
1 EL	Tomatenmark
150 g	Karotten
200 g	Lauch
1 kg	Wildhackfleisch
50 g	gehackte Petersilie
5 l	Wildbrühe (Rezept S. 14)

Schritt für Schritt:

1. Das Eiweiß in einem Topf mit dem Schneebesen kurz anschlagen und mit Tomatenmark verrühren.

2. Karotten und Lauch putzen, schälen und in Würfel schneiden. Mit Wildhackfleisch, Petersilie und Eiweiß gut durchmischen und in einen Topf füllen.

3. Mit der Wildbrühe aufgießen, kräftig verrühren und zum Kochen bringen. Bis zum Siedepunkt stets langsam und vorsichtig umrühren, damit sich das Eiweiß nicht festsetzen und anbrennen kann.

4. Sobald die Brühe kocht, die Hitze reduzieren und 30 Minuten köcheln lassen. Die Trübstoffe werden nun im gestockten Eiweiß aufgefangen. Die Consommé vorsichtig durch ein Tuch passieren.

Schritt 1   Schritt 2.1   Schritt 2.2   Schritt 4.1

Schritt 4.2

Für 4 Personen

Wildgeflügelbrühe

Diese Brühe kann hell oder bernsteinfarben zubereitet werden. Für die helle Brühe lässt man die Zwiebel roh, d.h. ungebräunt, und röstet die Karkassen nicht an. Der Geschmack der angerösteten Brühe ist kräftiger. Für ein Frikassee wird immer helle Brühe zum Auffüllen verwendet.

Wildgeflügelbrühe

Für 2,5 Liter

4 kg	Wildgeflügel-Karkassen, Abschnitte, Flügel etc. (Fasan, Ente, Gans)
2 EL	Sonnenblumenöl
3	Karotten
¼	Sellerie
1 Stange	Lauch
2 große	Zwiebeln
5	Petersilienstängel
2	Lorbeerblätter
8	Pfefferkörner
3	Nelken
5	Wacholderbeeren
	Salz

Schritt für Schritt:

1. Backofen auf 220 °C vorheizen.
2. Karkassen, Abschnitte, Flügel etc. in gleichmäßige Stücke hacken und in einem Bräter mit Sonnenblumenöl im Ofen etwa 15 Minuten leicht rösten.
3. Karotten und Sellerie putzen, schälen und in Würfel schneiden. Lauch putzen, waschen, längs halbieren und in Stücke schneiden. Zwiebeln halbieren und die Schnittflächen mit Alufolie auf der Herdplatte 2-3 mm sehr dunkel bräunen; das gibt der Suppe die Bernstein-Farbe.
4. Den Bräter wieder auf den Herd stellen und mit kaltem Wasser auffüllen.
5. Wurzelgemüse, Kräuter und Gewürze, Zwiebeln und Salz zugeben.
6. Die Brühe langsam erwärmen und mindestens 2 ¼ Stunden köcheln lassen; nur dann geben die Knochen den Geschmack an die Brühe ab. Wenn sich an der Oberfläche Schaum bildet, diesen nicht abschöpfen; der Schaum besteht aus Eiweiß, das die Trübstoffe in der kochenden Brühe bindet.
7. Nach dem Kochen durch ein feines Sieb oder ein Tuch passieren. Je nach Geschmack kann die Brühe noch einreduziert werden.

Tipp: Die Brühe kann problemlos in kleinen Mengen eingefroren werden.

Schritt 4

Schritt 6

Schritt 7

Wildsauce/Wildfond

Der Ansatz einer Wildsauce wird immer geröstet, mindestens 3 Stunden gekocht und bis zur weiteren Verarbeitung ausgekühlt. Der Fond ist die Basis für viele Saucen, beispielsweise – wie hier – für Rotweinsauce.

Dieser Ansatz wird nur dann wirklich gut, wenn eine möglichst große Menge – mindestens 5 kg – Wildknochen verarbeitet wird. Die Knochen und das Fleisch dürfen auf keinen Fall Schussverletzungen oder Hämatome enthalten.

1 kg	Wurzelgemüse (Zwiebel, Sellerie, Karotte, Lauch)
1	Tomate
5 kg	klein gehackte Wildknochen und Fleischreste
5 EL	Sonnenblumenöl
5 EL	Tomatenmark
2 l	Rotwein
3	Knoblauchzehen
10	Lorbeerblätter
5	Nelken
20	Wacholderbeeren
5	Petersilienstängel
	Salz
	weißer Pfeffer aus der Mühle

Schritt für Schritt:

1. Wurzelgemüse putzen, waschen, schälen und in feine Würfel schneiden. Tomate vierteln.
2. Die Knochen und Fleischreste in einem großen Bräter in Öl anbraten. Wenn sie gut gebräunt sind, das Röstgemüse zugeben, nach 10 Minuten das Tomatenmark, und gut angehen lassen. Mit 1 l Rotwein ablöschen. Wenn der Rotwein verdunstet ist, nochmals gut anbraten lassen und mit dem restlichen Rotwein ablöschen.
3. Knoblauchzehen zerdrücken und mit den Gewürzen zugeben. Mit so viel Wasser auffüllen, dass die Knochen gut bedeckt sind, und mindestens 3 Stunden köcheln lassen.
4. Den Fond mit den Knochen auskühlen lassen, damit das enthaltene Kollagen (Gelatine) aus den Knochen in den Fond übergeht. Passieren, kalt stellen und das kalte Fett von der Oberfläche entfernen.

Schritt 2.1   Schritt 2.2   Schritt 2.4

Schritt 2.3

Schritt 4

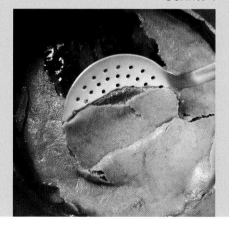

Wildsaucen

Rotweinsauce

Für 3 Liter

2	Schalotten
1	Knoblauchzehe
je 4 Zweige	Rosmarin, Thymian und Petersilie
3 EL	Sonnenblumenöl
¼ l	Rotwein
¼ l	Portwein
3 l	Wildsauce (Rezept S. 20)
	Salz
	weißer Pfeffer aus der Mühle
ca. 2 EL	Speisestärke

Schritt für Schritt:

1. Schalotten und Knoblauch schälen und fein würfeln. Mit den Kräutern in Öl gut anschwitzen. Mit Wein und Portwein ablöschen und kräftig einreduzieren lassen.
2. Mit der Wildsauce auffüllen, nochmals reduzieren und mit Salz und Pfeffer abschmecken. Je nach gewünschter Konsistenz mit Speisestärke binden.
3. Wildsauce durch ein feines Sieb passieren.

Wacholdersauce

Für 3 Liter

2	Schalotten
1	Knoblauchzehe
4 Zweige	Petersilie
20	Wacholderbeeren
3 EL	Sonnenblumenöl
¼ l	Rotwein
¼ l	Portwein
3 l	Wildsauce (Rezept S. 20)
200 g	Crème fraîche
	Salz
	weißer Pfeffer aus der Mühle
ca. 2 EL	Speisestärke

| Schalotten und Knoblauch schälen und fein würfeln. Mit Petersilie und angedrückten Wachholderbeeren in Öl gut anschwitzen. Mit Wein und Portwein ablöschen und kräftig einreduzieren lassen.

| Mit der Wildsauce auffüllen und nochmals gut reduzieren. Crème fraîche einrühren, mit Salz und Pfeffer abschmecken und je nach gewünschter Konsistenz mit Speisestärke binden.

Schritt 1.1

Schritt 1.2

Schritt 3

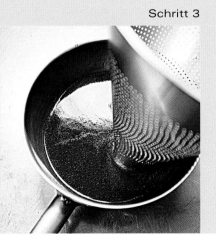

Wildsauce mit Bitterschokolade

Für 3 Liter

2	Schalotten
3 EL	Sonnenblumenöl
¼ l	Rotwein
¼ l	Portwein
3 l	Wildsauce (Rezept S. 20)
	Salz
	weißer Pfeffer aus der Mühle
ca. 2 EL	Speisestärke
100 g	geraspelte Bitterschokolade (70 % Kakao)

| Schalotten schälen, fein würfeln und in Öl anschwitzen. Mit Wein und Portwein ablöschen und kräftig einreduzieren lassen.

| Mit der Wildsauce auffüllen und nochmals reduzieren. Mit Salz und Pfeffer abschmecken und je nach gewünschter Konsistenz mit Speisestärke binden.

| Dann erst die Schokolade einschmelzen lassen und sofort servieren.

Lebkuchensauce

Für 3 Liter

2	Schalotten
1 EL	Lebkuchengewürz
3 EL	Sonnenblumenöl
¼ l	Rotwein
¼ l	Portwein
3 l	Wildsauce (Rezept S. 20)
5	Schokoladenlebkuchen
	Salz
	weißer Pfeffer aus der Mühle
ca. 2 EL	Speisestärke

Tipp: Die Saucen können problemlos eingefroren werden.

| Schalotten schälen, fein würfeln und mit dem Lebkuchengewürz in Öl gut anschwitzen. Mit Wein und Portwein ablöschen und kräftig einreduzieren lassen.

| Mit der Wildsauce auffüllen. Schokoladenlebkuchen zerbröseln und einrühren. Nochmals gut reduzieren, mit Salz und Pfeffer abschmecken und je nach gewünschter Konsistenz mit Speisestärke binden.

Schritt 2

Wildgeflügelleberparfait

Für 4 Personen

Parfait ist fein in Struktur und Geschmack, Pasteten haben eine etwas gröbere Struktur.

200 ml	weißer Süßwein
50 ml	Quittenlikör
50 ml	Wildbrühe (Rezept S. 14)
1 Zweig	Thymian
1	Knoblauchzehe
500 g	Wildgeflügelleber (von Taube, Ente, Fasan oder Gans)
3	Eier (Größe M)
250 g	geklärte Butter
250 ml	Sahne
20 g	Pökelsalz
	weißer Pfeffer aus der Mühle

Schritt für Schritt:

1. Süßwein, Quittenlikör, Wildbrühe, Thymian und Knoblauch etwa 10 Minuten auf 200 ml einkochen lassen.
2. Wildgeflügelleber putzen und von Sehnen befreien.
3. In einem schmalen, hohen Gefäß Leber, Eier und die zimmerwarme Reduktion fein mixen.
4. Butter schmelzen, leicht abkühlen lassen und mit der Sahne vermischen.
5. Das handwarme Butter-Sahne-Gemisch ganz langsam in die Lebermasse einmixen. Dabei die Temperatur unbedingt halten, da sich sonst die beiden Komponenten nicht verbinden.
6. Mit Pökelsalz und Pfeffer abschmecken und durch ein feines Spitz- oder Haarsieb passieren.
7. In eine Terrinenform füllen und im Wasserbad bei 100 °C im Backofen etwa 30 Minuten pochieren.
8. Mit einem Holzstab prüfen, ob das Parfait fest ist.

Schritt 3.1   Schritt 3.2   Schritt 5   Schritt 7

Münstertäler Wildschweinsülze

mit Kräutervinaigrette und Remouladensauce

Alte Konservierungsmethode, um das Fleisch dauerhaft haltbar zu machen. Das Fleisch wird zart und mürbe, verändert die Farbe und den Geschmack.

Pökelsud

300 g	Pökelsalz
5	Lorbeerblätter
3	Nelken
2 EL	weiße Pfefferkörner
1 kg	Wildschweinschulter mit Knochen
2	Karotten
1 kleiner	Knollensellerie
1	Zwiebel
18 Blatt	Gelatine
100 g	Pfifferlinge
1 EL	Butter
	Salz
	weißer Pfeffer aus de Mühle
100 g	gehackte Kräuter (nach Saison)
500 g	Blattsalate (nach Saison) und Tomatenwürfel

Schritt für Schritt:

1. Einen Sud aus 3 l Wasser, Pökelsalz, Lorbeer, Nelken und Pfefferkörnern aufkochen.

2. Wildschweinfleisch mindestens 4 Tage darin pökeln; am besten in einer Schüssel oder in einem Steinguttopf, der im Kühlschrank Platz findet.

3. Das Fleisch aus dem Sud nehmen und 6 Stunden wässern, damit der Salzgehalt der Brühe nicht zu hoch wird.

4. Karotte, Sellerie und Zwiebel putzen, gegebenenfalls schälen und grob zerteilen.

5. Das Fleisch zusammen mit dem Wurzelgemüse in kaltes Wasser geben und etwa 1 Stunde bei mittlerer Temperatur gar kochen. Nach 25 Minuten den Schaum abschöpfen, nach 30 Minuten das Gemüse herausnehmen.

6. Das Fleisch herausnehmen und kalt stellen.

7. Die Brühe passieren und auf 1 Liter einkochen lassen.

8. Sehr kräftig mit Salz und Pfeffer abschmecken.

9. Die Gelatine etwa 5 Minuten in kaltem Wasser einweichen, ausdrücken und in die noch lauwarme Brühe gegeben.

10. Pfifferlinge putzen, kurz in Butter schwenken und mit Salz und Pfeffer würzen.

11. Fleisch, gekochtes Gemüse und Pfifferlinge klein schneiden, zusammen mit den Kräutern und der Brühe in eine Terrinenform (ca. 30 x 8 cm) füllen und über Nacht im Kühlschrank gelieren lassen.

Schritt 8 — Schritt 11.1 — Schritt 11.2 — Schritt 11.3

12. Die Sülze mit einem scharfen Messer oder Elektromesser in
Scheiben schneiden und mit Blattsalaten und Tomatenwürfeln
garnieren.

Vinaigrette

100 ml	*Sonnenblumenöl*
100 ml	*Walnussöl*
100 ml	*Rotweinessig*
100 ml	*Wildbrühe (Rezept S. 14) oder Fleischbrühe*
1 EL	*gehackte Schalotten*
1 TL	*Butter*
5 EL	*gehackte Kräuter (nach Saison)*
	Salz
	weißer Pfeffer aus der Mühle

I Alle Zutaten gut miteinander verrühren und auf die Blattsalate und
Tomatenwürfel geben.

Remouladensauce

Für 5 Personen

2	*Eier*
100 g	*Schmand*
100 ml	*Milch*
50 ml	*Sahne*
2 TL	*Senf*
	Salz
	weißer Pfeffer aus der Mühle
	Zucker
4	*Sardellenfilets*
3 Zweige	*Estragon*
1/2 Bund	*Kerbel*
1/2 Bund	*Petersilie*
100 g	*Kapern*
50 g	*Gewürzgurken*

I Die Eier 8 Minuten hart kochen, abschrecken, pellen und halbieren.
Die Eigelbe in einer Schüssel mit einer Gabel zerdrücken, das Eiweiß
beiseite stellen.

I Nach und nach Schmand, Milch und Sahne unterrühren und mit
Senf, Salz, Pfeffer und einer Prise Zucker würzen.

I Sardellenfilets unter fließendem Wasser abspülen und klein hacken.
Kräuter waschen und hacken. Kapern, Gewürzgurken und Eiweiß
sehr klein hacken und alles unter die Remoulade mischen.

Für 4 Personen

Warm geräucherte Wildentenbrust

Räuchern ist eine der ältesten Konservierungsmethoden.
Man unterscheidet zwei verschiedene Arten des Räucherns:
Kalt Räuchern: benötigt eine lange Pökelzeit, wenig Rauch und
langes Lufttrocknen und dient der Konservierung z. B. Wild-
schweinschinken aus der Keule.
Warm Räuchern: braucht viel Rauch und Hitze für kurze Zeit.
Das Pökeln entfällt. Es dient nur dazu, dem zuvor gewürzten
Fleisch einen delikaten Rauchgeschmack zu geben. Nach dem
Räuchern muss das Wild im Backofen fertig gegart werden.
Es wird bei Wildteilen angewendet, die eine kurze Garzeit
brauchen.

8	Wildentenbrüste (à ca. 80-100 g)
	grobes Salz
	weißer Pfeffer aus der Mühle
1 Zweig	Rosmarin
2	Lorbeerblätter
1 EL	Sonnenblumenöl
200 g	Sägemehl (von Buche und Fichte)
8	Wacholderbeeren

Schritt für Schritt:

1. Wildentenbrüste über Nacht mit grobem Salz, Pfeffer, Rosmarin und Lorbeerblättern in einem Gefrierbeutel im Kühlschrank marinieren.

2. Backofen auf 140 °C vorheizen.

3. Marinierte Entenbrüste auf der Hautseite etwa 2 Minuten in Sonnenblumenöl anbraten.

4. Einen Topf, besser noch einen Wok, mit Gittereinsatz mit Sägemehl und Wacholderbeeren etwa 0,5 cm hoch ausstreuen.

5. Den Topf oder Wok mit Deckel erhitzen. Sobald die Rauchentwicklung einsetzt, die Wildentenbrüste auf das Gitter geben und in den Topf stellen.

6. Etwa 3 Minuten räuchern, vom Herd nehmen und weitere 3 Minuten mit Deckel ziehen lassen.

7. Die Wildentenbrüste herausnehmen und im Backofen in 10-12 Minuten fertig garen.

Schritt 3

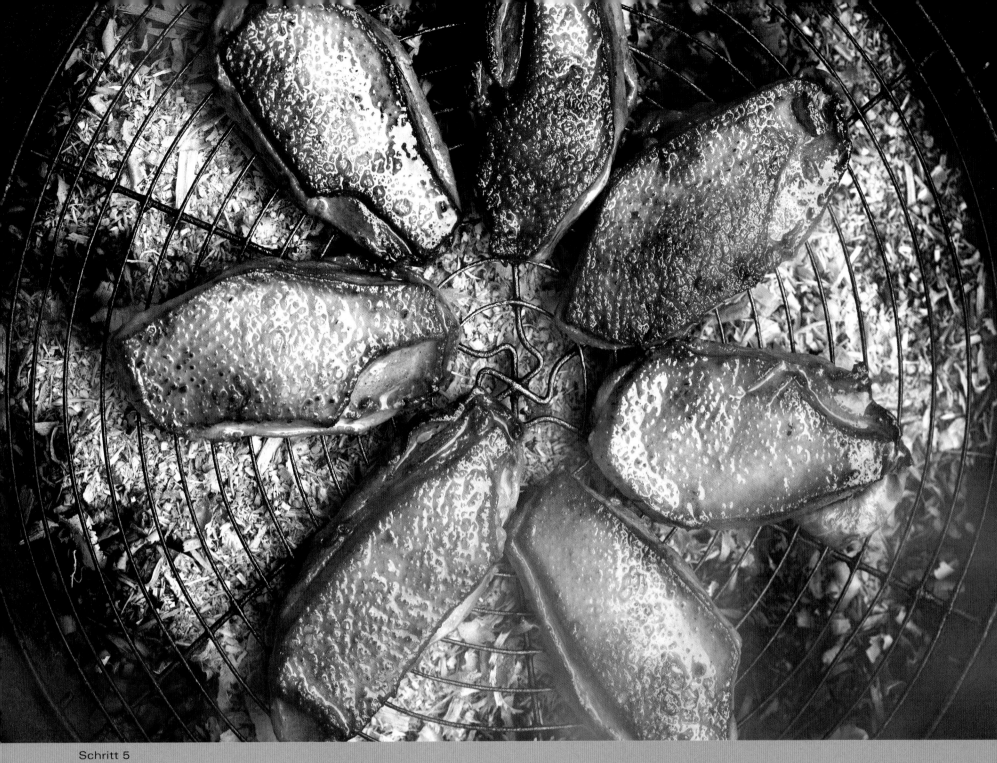

Schritt 5

Pochierter Damhirschrücken
mit Mangold und Lauchzwiebeln

In etwa 80 °C heißer Flüssigkeit – Brühe, Sud oder Rotwein – garen. Dies ist die schonendste Garmethode, für die sich allerdings nur die Rücken und Filets von Reh, Hirsch oder Wildschwein eignen. Fasanen- und Taubenbrüste lassen sich ebenfalls pochieren. Enten, Gänse oder Wildschweinschulter sind dafür ungeeignet.

¾ l	Wildbrühe (Rezept S. 14) oder Fleischbrühe
4	Damhirschrückenstücke (à ca. 180 g)
	Salz
	weißer Pfeffer aus der Mühle
1 EL	Sonnenblumenöl
500 g	Mangold
8 EL	Béchamel (Rezept S. 31)
200 g	Lauchzwiebeln
2 EL	Butter
	Zucker
125 g	kalte Butter
4 EL	gehackte Kräuter (Petersilie, Kerbel, Schnittlauch)

Schritt für Schritt:

1. Die Brühe auf 80 °C erhitzen. Die Fleischstücke mit Salz und Pfeffer würzen und kurz in einer Pfanne mit Sonnenblumenöl von beiden Seiten anbraten. In die leicht siedende Brühe geben und 12-15 Minuten darin garen. Das Fleisch hat dann eine Kerntemperatur von 55-60 °C und ist innen schön rosa und saftig.

2. Den Mangold waschen, putzen und in mundgerechte Stücke schneiden. In kochendem Salzwasser blanchieren und sofort in Eiswasser abschrecken. Auf ein Sieb geben und gut ausdrücken.

3. Die Béchamel zubereiten (Rezept S. 31).

4. Mangold in der Béchamel erwärmen und mit Salz und Pfeffer abschmecken. Die Lauchzwiebeln waschen, in schäumender Butter mit Salz, Pfeffer und wenig Zucker schwenken.

5. Für die Sauce etwa 200 ml von der Pochierbrühe abpassieren und mit einem Mixstab die kalte Butter untermixen. Abschmecken und mit den Kräutern verfeinern.

Schritt 1.1

Schritt 1.2

Béchamel

2 EL	Butter
2 EL	Mehl (Typ 405)
500 ml	Milch
1	Zwiebel
1	Lorbeerblatt
1	Nelke
	Salz
	Muskatnuss
	Cayennepfeffer
etwas	Zitronensaft

| Butter in einem Topf schmelzen, Mehl dazugeben und hell rösten. Nach und nach die kalte Milch zugießen und unter ständigem Rühren zum Kochen bringen, dabei glatt rühren.

| Zwiebel mit Lorbeer und Nelke spicken, in die Béchamel geben und 30 Minuten köcheln lassen, dabei gelegentlich umrühren.

| Zwiebel heraus nehmen, die Sauce durch ein feines Sieb passieren und mit Salz, Muskatnuss, Cayennepfeffer und Zitronensaft abschmecken.

Für 4 Personen

Frikassee vom Fasan

In heißer Flüssigkeit garen:

Kochen ist eine schonende Garmethode. Das Wild wird meist in kaltes Wasser gegeben und langsam zum Kochen gebracht. Das ergibt nicht nur ein zartes, weiches und schmackhaftes Wildgericht, sondern auch einen fantastischen, sehr geschmacksintensiven Fond.

2	küchenfertige Fasanen
	Salz
1 Bund	Suppengrün
1	Zwiebel
2	Lorbeerblätter
4	Nelken

Sauce

120 g	Mehl
100 g	Butter
150 ml	Weißwein
2 Liter	Kochfond
1	Zitrone
	Salz
	weißer Pfeffer aus der Mühle
3 EL	geschlagene Sahne
¼ Bund	Blattpetersilie

300 g	Steinpilze
1 EL	Butter
	Salz
	weißer Pfeffer aus der Mühle

Schritt für Schritt:

1. Die Fasanen in 2½ Liter Wasser aufsetzen, Salz und Suppengrün dazugeben. Zwiebel mit Lorbeer und Nelken spicken und ebenfalls dazugeben. Bei geschlossenem Deckel etwa 60 Minuten garen, bis das Fleisch weich ist.

2. Fasanen herausnehmen, den Kochfond passieren und beiseite stellen.

3. Das Fleisch vorsichtig von den Knochen auslösen und ebenfalls beiseite stellen.

4. Für die Sauce aus Mehl und Butter eine helle Mehlschwitze herstellen, mit Weißwein ablöschen und mit dem Kochfond auffüllen.

5. Mindestens 20 Minuten leise köcheln lassen. Passieren und mit Zitronensaft, Salz und Pfeffer abschmecken.

6. Das Fleisch in die Sauce geben, kurz aufkochen lassen und mit geschlagener Sahne und dem Abrieb einer Zitrone sowie gezupfter Blattpetersilie verfeinern.

7. Steinpilze putzen und in der heißen Butter schwenken.

8. Mit Salz und Pfeffer würzen und mit dem Frikassee servieren.

Beilage: Breite Nudeln

Schritt 1.1   Schritt 1.2   Schritt 3

Wildentenconfit

Klassische französische Garmethode für Enten und Gänse. Dabei werden alle Teile dieser Geflügelarten im eigenen Fett gegart und dann mit Schmalz bedeckt. Das Fleisch bleibt darin konserviert und zart; das Fett kann immer wieder verwendet werden: es ist sehr schmackhaft.

8	*Wildentenkeulen*
	Salz
	weißer Pfeffer aus der Mühle
5	*Lorbeerblätter*
4	*Rosmarinzweige*
4	*Thymianzweige*
1 kg	*Schmalz (Gänse-, Enten-, Schweine-*
	oder Butterschmalz)

Schritt für Schritt:

1. Die Keulen mit Salz und Pfeffer würzen und in einer Schüssel mit den Kräutern über Nacht marinieren.
2. Das Schmalz in einem Topf erhitzen, die Keulen ohne die Kräuter zugeben und bei kleiner Hitze etwa 1 Stunde garen.
3. Den Backofen auf 250 °C vorheizen.
4. Die Keulen mit der Hautseite nach oben auf ein Backblech legen und bei großer Oberhitze etwa 5 Minuten nachbräunen.

Beilage: Bohnengemüse

Tipp: Das überschüssige und erkaltete Fett wird mit Salz, Pfeffer, angedünsteten Zwiebelwürfeln und Kräutern abgeschmeckt. Das Entenschmalz ist so ein schmackhafter Brotaufstrich.

Schritt 1

Schritt 2

Für 4 Personen

Wildschweinrollbraten
aus der Brust

Durch lange und mäßige Hitze im Backofen garen.

Wie auch zum Schmoren eignen sich zum Braten Stücke vom Wild, die länger brauchen, um weich, saftig und zart zu werden. Um gute Resultate zu erzielen, benötigt man zum Braten verschiedene Hitzestufen – und viel Zeit.

200 g	Wurzelgemüse (Karotte, Lauch, Sellerie)
3	Knoblauchzehen
2 Zweige	Rosmarin
2 Zweige	Thymian
1200 g	Wildschweinbrust (ohne Knochen)
	Salz
	weißer Pfeffer aus der Mühle
10 EL	Olivenöl
1	Bratennetz (vom Metzger) oder
	Küchengarn
2	Zwiebeln
800 ml	Wildsauce (Rezept S. 20)

Schritt für Schritt:

1. Wurzelgemüse waschen, schälen und in feine Würfel schneiden. Die Knoblauchzehen schälen und zerdrücken. Rosmarin und Thymian waschen und trocken tupfen.
2. Die Wildschweinbrust ausbreiten und von beiden Seiten mit Salz und Pfeffer würzen.
3. Die Oberseite mit Wurzelgemüse, Knoblauch und Kräutern belegen und mit 5 EL Olivenöl bestreichen.
4. Die Brust einrollen und mit dem Bratennetz oder Küchengarn zusammenbinden. In einem Bräter mit dem restlichen Olivenöl gut anbraten, dabei mehrmals wenden. Im vorgeheizten Backofen bei 175 °C etwa 2 Stunden garen.
5. Die Zwiebeln schälen, in grobe Stücke schneiden und nach 1 Stunde zum Fleisch geben. Die Hitze auf 150 °C reduzieren.
6. Das Fleisch herausnehmen und den Bratensatz mit Wildfond ablöschen. Kurz aufkochen lassen, durch ein Sieb streichen und mit Salz und Pfeffer abschmecken.

Servieren Sie dazu Kartoffelpüree oder Bandnudeln.

Tipp: Die Wildschweinbrust vom Metzger oder Händler ausbeinen lassen und darauf achten, dass sie unverletzt bleibt.

Schritt 3   Schritt 4.1   Schritt 4.2

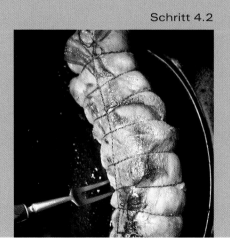

Schritt 5

Für 4 Personen

Wildfrikadellen

Grundregel für Hackfleisch: es muss unbedingt frisch verarbeitet werden!

Abschnitte und auch kleine Stücke vom Wild lassen sich so sinnvoll und schmackhaft verwerten. Im Tiefkühlschrank kann man sie sammeln, bis eine genügend große Menge zusammengekommen ist, die dann verarbeitet wird, zum Beispiel zu Wildfrikadellen.

1	*Zwiebel*
1 EL	*Butter*
1 kg	*Wildfleisch*
½ Bund	*Petersilie*
2	*altbackene Brötchen*
200 ml	*lauwarme Milch*
3	*Eier*
3 EL	*Quark*
	Salz
	weißer Pfeffer aus der Mühle
2 EL	*Sonnenblumenöl*

Schritt für Schritt:

1. Zwiebel schälen und in Scheiben schneiden. In geschmolzener Butter dünsten und mit dem Wildfleisch durch die feine Scheibe des Fleischwolfs drehen.
2. Petersilie waschen, trocken tupfen und fein hacken.
3. Brötchen in Würfel schneiden und in lauwarmer Milch einweichen. Die ausgedrückten Brötchen mit Petersilie, Eiern und Quark zu einer geschmeidigen Masse verarbeiten und mit Salz und Pfeffer würzen.
4. Den Teig zu Frikadellen von ungefähr je 80 g formen und von beiden Seiten in Öl braten.

Als Beilagen eignen sich frisch geschwenkte Steinpilze und Pfifferlinge (oder auch alle anderen Waldpilze), Kartoffelsalat mit Bärlauchpesto oder Waldpilzrahmnudeln.

Tipp: Die Hackfleischmasse eignet sich auch für „Königsberger Klopse mit einer Kapernsauce".

Schritt 1.1   Schritt 1.2   Schritt 3

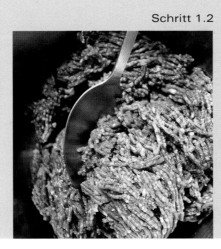

Schritt 4

Wildbolognese

Für 4 Personen

2	Zwiebeln
5	Knoblauchzehen
500 g	Wildhackfleisch
3 EL	Olivenöl
2 EL	Tomatenmark
250 ml	Wildbrühe (Rezept S. 14)
250 g	Pizzatomaten
	Salz
	weißer Pfeffer aus der Mühle
2 EL	gehackte Kräuter der Saison
	(z.B. Petersilie, Kerbel, Schnittlauch)
50 g	gehobelter Parmesan

Schritt für Schritt:

1. Zwiebeln und Knoblauch schälen und in feine Würfel schneiden
2. Das Hack bei starker Hitze etwa 5 Minuten in Olivenöl braun anrösten, die Zwiebel- und Knoblauchwürfel zugeben und kurz mitrösten lassen.
3. Das Tomatenmark einrühren und, wenn alles eine schöne Farbe hat, mit der Wildbrühe ablöschen. Pizzatomaten zugeben und etwa 30 Minuten leicht köcheln lassen.
4. Mit Salz und Pfeffer abschmecken und mit Kräutern zu frisch gekochter Pasta servieren.
5. Mit gehobeltem Parmesan bestreuen.

Schritt 2   Schritt 3.1   Schritt 3.2

Für 6 Personen

Wildschweinsauerbraten

Früher wurde Wildfleisch zum Konservieren mariniert bzw. in Essig eingelegt. Heute dient die Marinade hauptsächlich als Geschmacksträger und wirkt als Weichmacher: das Fleisch wird mürbe und beim Garen zart und saftig mit angenehm säuerlichem Geschmack. Man kann auch nur in Wein marinieren.

2	Karotten
1 Stange	Lauch
1 kleiner	Knollensellerie
2	Zwiebeln
1 l	Rotwein
150 ml	Essig
Gewürzsäckchen	mit 10 Pfefferkörnern, 5 Nelken, 5 Lorbeerblättern und 10 Wacholderbeeren
1	Wildscheinschulter (ca. 1,8 kg)
2 EL	Sonnenblumenöl
2 EL	Tomatenmark
	Salz
	weißer Pfeffer aus der Mühle
etwas	Speisestärke

Schritt für Schritt:

1. Karotten, Lauch, Sellerie und Zwiebeln putzen, schälen und in etwa 2 cm große Würfel schneiden.
2. Einen Sud aus Rotwein, Essig, 2 l Wasser, dem Gewürzsäckchen und dem Gemüse herstellen.
3. Die Wildschweinschulter darin 4 Tage im Kühlschrank marinieren.
4. Das Fleisch aus dem Sud nehmen, das Gemüse abseihen und den Sud aufkochen. Damit das Fleischeiweiß stockt.
5. Die großen Fleischeiweißstücke mit einer Schaumkelle entfernen.
6. Die Schulter trocken tupfen und in einer Kasserolle in Öl von beiden Seiten gut anbraten.
7. Das Gemüse aus der Marinade zugeben und in den auf 200 °C vorgeheizten Backofen schieben.
8. Wenn das Gemüse schön gebräunt ist, das Tomatenmark zugeben, weitere 15 Minuten braten lassen und den passierten Sud angießen. Die Gesamtgarzeit beträgt etwa 1¾ Stunden, kann aber je nach Fleischqualität variieren.
9. Das Fleisch herausnehmen, wenn es weich ist.
10. Den Sud in einen Topf passieren und nach Belieben etwas einreduzieren lassen. Die Sauce mit Salz und Pfeffer abschmecken und mit Stärke binden.

Schritt 2.1

Schritt 2.2

Schritt 3

Schritt 5

Schritt 9

Schritt 7

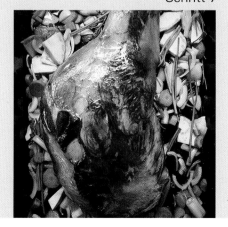

Für 4 Personen

Wildgulasch „Ungarisch"

1,2 kg	*Zwiebeln*
1,2 kg	*Rehfleisch aus der Schulter oder*
	Wildschwein ohne Knochen
	Salz
	weißer Pfeffer aus der Mühle
100 ml	*Sonnenblumenöl*
3 EL	*Paprika edelsüß*
3	*Knoblauchzehen*
1/2 TL	*Kümmel*
	Abrieb von 1 Zitrone
	scharfer Paprika

Schritt für Schritt:

1. Zwiebeln schälen und in Scheiben schneiden. Das Fleisch in etwa 3 cm große Würfel schneiden und gut salzen und pfeffern.

2. Zwiebeln im Sonnenblumenöl goldbraun andüsten. Paprika darüber stäuben und ganz leicht mitdünsten. Das Fleisch zugeben, kräftig anbraten und mit Wasser auffüllen.

3. Bei 180° C im Backofen etwa 1½ Stunden schmoren.

4. Die Knoblauchzehen schälen, fein hacken und mit Kümmel und Zitronenabrieb zugeben. Kurz aufkochen lassen und je nach Geschmack mit etwas scharfem Paprika nachwürzen.

Beilage: Spätzle (Rezept S. 126) oder Speckknödel (Rezept S. 118).

Schritt 2.1	Schritt 2.2	Schritt 2.3	Schritt 2.4

Für 4 Personen

Wildragout

1,2 kg	Hirschfleisch aus Schulter, Hals, Brust, Bauchlappen
	Salz
	weißer Pfeffer aus der Mühle
3 EL	Sonnenblumenöl
400 g	Zwiebeln
400 g	Sellerie
400 g	Karotte
400 g	Lauch
2 EL	Tomatenmark
30 g	Mehl
500 ml	Rotwein
50 ml	Weinessig
3	Lorbeerblätter
3	Nelken
5	Wacholderbeeren
3	Petersilienstängel
	Speisestärke

Schritt für Schritt:

1. Die Fleischstücke in 3 x 3 cm große Würfel schneiden. Leicht salzen und pfeffern und in einem großen Bräter in Sonnenblumenöl anbraten. Die Fleischstücke sollten nur den Boden bedecken, gegebenenfalls in zwei Portionen anbraten.

2. Das Röstgemüse putzen, schälen, in kleine Würfel schneiden und zu dem angebratenen Fleisch geben. Nach etwa 10 Minuten das Tomatenmark unterrühren und das Mehl darüber stäuben.

3. Gut durchrühren und mit Rotwein und Essig ablöschen. Die Gewürze in einem Gewürzsäckchen zugeben. Mit so viel Wasser auffüllen, dass das Fleisch gut bedeckt ist. Je nach Wildart und Alter müsste das Fleisch in 1 ¼ Stunden gar sein.

4. Die Fleischstücke herausstechen, das Gewürzsäckchen entfernen und die Sauce mit Salz und Pfeffer abschmecken. Sollte sie zu dünn geworden sein, mit etwas Speisestärke binden.

Beilagen: Kartoffelklöße und Semmelknödel

Tipp: Das Ragout schmeckt auch, wenn es nur mit Rotwein zubereitet wird; dann müsste der Essig durch die entsprechende Menge Wein ersetzt werden.

Schritt 1	Schritt 2.1	Schritt 2.2	Schritt 2.3

Wildgeflügel

Gerstengraupen-Eintopf

Rahmsuppe vom Muskatkürbis mit Thai-Curry und Wildentenbrust

Tellersülze von der Wildente

Wildentenbrust mit Honig und Thymian glaciert

Wildente im Ganzen gebraten mit Äpfeln und Zwiebeln

Wildentenbraten mit Majoran

Wildenten mit Orangen-Aprikosen-Füllung

Ente

Gänseweißsauer

Gans gebraten mit Semmel-Gänseleber-Füllung und Bratäpfeln

Wildgans mit Apfel-Maronen-Füllung

Wildgans mit Hackfüllung

Gans

Pot au feu von Fasan und Taube mit Maultäschle

Gebratene Fasanenbrüste mit Pfirsichchutney und Chilifäden

Fasan à la Backhendl mit lauwarmem Kartoffel-Gurken-Salat

Fasan

Taubenbrüste mit geschmortem Chicorée

Tauben-Crêpinette mit Schupfnudeln

Taube

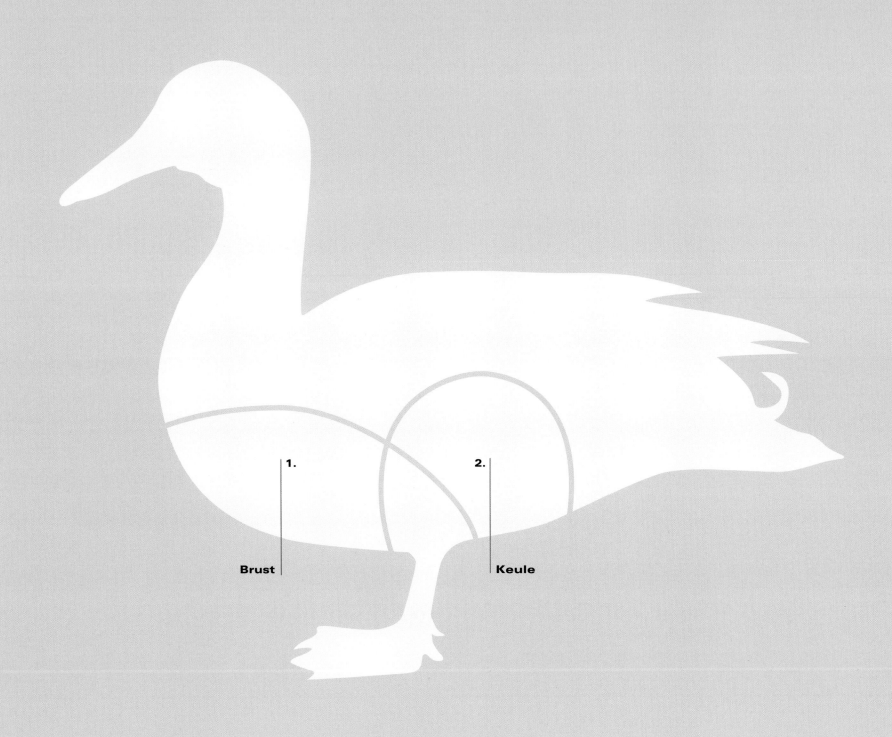

1. Brust

2. Keule

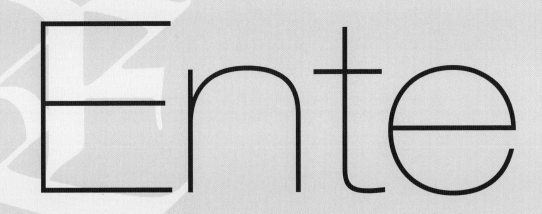

Ente

Acht Wildentenarten sind jagdbar, von der Krickente bis zur Stockente, letztere wird am häufigsten erlegt.

Wildenten leben in sehr unterschiedlichen Lebensräumen.

Sie ernähren sich vor allem von Wasserpflanzen, Gräsern, Blättern sowie von Getreidekörnern und Sämereien, aber auch von Würmern, Schnecken, Insekten, Käfern, Frosch- und Fischlaich.

Gerstengraupen-Eintopf

150 g	Wurzelgemüse (Zwiebel, Karotte, Lauch)
2 Scheiben	Speck mit Schwarte
2 EL	Sonnenblumenöl
200 g	Gerstengraupen (Perlgraupen, mittel)
10 g	Mehl
300 ml	Milch
150 ml	Sahne
1 l	Wildgeflügelbrühe (Rezept S. 18)
	Salz
	weißer Pfeffer aus der Mühle
	Muskatnuss
4 EL	Schnittlauchröllchen

Wurzelgemüse putzen, waschen, schälen und in feine Würfel schneiden.

Speck und Gemüsewürfel in Sonnenblumenöl anschwitzen, die Gerstengraupen dazugeben,

kurz mitrösten und mit dem Mehl bestäuben.

Milch, Sahne und Wildgeflügelbrühe zugießen und 10 Minuten kochen lassen.

Vom Herd nehmen und 35 Minuten quellen lassen.

Den Speck herausnehmen, mit Salz, Pfeffer und Muskatnuss abschmecken und mit Schnittlauchröllchen anrichten.

Servieren Sie dazu die geräucherte Entenbrust (Rezept S. 28).

Oder die Wildbratwürste (Rezept S. 176).

Rahmsuppe vom Muskatkürbis
mit Thai-Curry und Wildentenbrust

600 g	Muskatkürbis
1	Zwiebel
50 g	Lauch
1 EL	Butter
1 TL	roter Thai-Curry
1,2 l	Wildgeflügelbrühe (Rezept S. 18)
125 ml	Sahne
	Salz
evtl. etwas	Speisestärke
1	Schuss Balsamicoessig
1	Prise Zucker
2	Wildentenbrüste mit Honig und Thymian (Rezept S. 58)
2 EL	gehackte, frittierte Kräuter (z.B. Salbei, Petersilie, rotes Basilikum, Borretsch)
4 EL	geschlagene Sahne

Muskatkürbis schälen, halbieren, Innenhäute und Kerne entfernen und in Würfel schneiden.
Zwiebel schälen und in Würfel schneiden. Lauch putzen, waschen und in Streifen schneiden.

Die Butter in einem Topf schmelzen und das Gemüse darin glasig anschwitzen.
Roten Thai-Curry zugeben, kurz mitrösten und mit Wildgeflügelbrühe auffüllen.

Nach etwa 15 Minuten, wenn das Gemüse fast weich ist, mit Sahne auffüllen und nochmals
kurz aufkochen. Mit Salz und Curry abschmecken, mixen und durch ein Sieb passieren.

Sollte die Suppe zu dünn sein, mit etwas in kaltem Wasser angerührter Speisestärke abbinden.
Mit einem Schuss Balsamicoessig und einer Prise Zucker abschmecken.

Die Suppe zusammen mit den in Scheiben geschnittenen Entenbrüsten, den frittierten Kräutern
und der geschlagenen Sahne anrichten.

Tellersülze

von der Wildente

4	Wildentenbrüste von der Stockente
	Salz
	weißer Pfeffer aus der Mühle
3 EL	Sonnenblumenöl
100 g	Gemüse (Karotte, Sellerie, Lauch)
100 g	Waldpilze der Saison
320 ml	Wildgeflügelbrühe (Rezept S. 18)
3	Blatt Gelatine
2	Entenlebern
	weißer Pfeffer aus der Mühle
	Kräuter und Salate zum Anrichten (z.B. Basilikum, Radicchio, Frisée, Rucola, Eichblatt)

Den Backofen auf 170 °C vorheizen.

Die Wildentenbrüste mit Salz und Pfeffer würzen, auf der Fleischseite in 1 EL Öl anbraten und auf die Hautseite wenden.
Im vorgeheizten Backofen 8-10 Minuten fertig garen. Anschließend auf einem Gitter auskühlen lassen.

Das Gemüse putzen, waschen, schälen und in sehr feine Würfel schneiden. Kurz in kochendem Salzwasser blanchieren,
mit kaltem Wasser abschrecken und beiseite stellen.

Pilze putzen, in Scheiben schneiden und in 1 EL Öl anbraten. Herausnehmen und abkühlen lassen.

Wenn alles gut durchgekühlt ist, die Wildentenbrüste in dünne Scheiben schneiden und fächerförmig in Suppentellern anrichten.
Gemüse und Pilze darauf verteilen.

Wildgeflügelbrühe erwärmen. Gelatine in kaltem Wasser einweichen, gut ausdrücken und in der lauwarmen Wildgeflügelbrühe auflösen.
Etwa 80 ml in jeden Teller einfüllen und im Kühlschrank mindestens 20 Minuten kalt stellen.

Kurz vor dem Anrichten die Lebern in dem restlichen Öl von beiden Seiten anbraten, mit Salz und Pfeffer würzen und mit Kräutern
und Salatblätter anrichten.

Beilage: Remouladensauce (Rezept S. 27), Bratkartoffeln und eventuell ein kleiner Salat.

Wildentenbrust

mit Honig und Thymian glaciert

8	Wildentenbrüste (à ca. 80-100 g)
	Salz
	weißer Pfeffer aus der Mühle
2 EL	Sonnenblumenöl
4 EL	Honig
1 EL	Thymian

Den Backofen auf 220 °C vorheizen.

Die Wildentenbrüste mit Salz und Pfeffer würzen, auf der Fleischseite in einer Pfanne mit Sonnenblumenöl anbraten und im vorgeheizten Backofen auf der Hautseite etwa 8 Minuten fertig garen.

Die Entenbrüste herausnehmen, die Hautseite mit Honig und Thymian bestreichen und noch einmal etwa 2 Minuten bei starker Oberhitze knusprig braten.

Wildente im Ganzen

gebraten mit Äpfeln und Zwiebeln

2	*Wildenten*
	Salz
	weißer Pfeffer aus der Mühle
4	*Äpfel*
4 kleine	*Zwiebeln*
2 TL	*gehackter Beifuß*

Den Backofen auf 180 °C vorheizen.

Die Wildenten waschen, trocken tupfen und mit Salz und Pfeffer einreiben.

Äpfel waschen und in Würfel schneiden. Zwiebeln schälen und ebenfalls in Würfel schneiden.

Die Enten mit Apfel- und Zwiebelwürfeln und Beifuß füllen und mit Küchengarn zubinden.

Im Ofen etwa 30 Minuten garen, dabei immer wieder mit Bratfett begießen.

Die Temperatur auf 150 °C reduzieren und weitere 30 Minuten garen.

Etwa 5 Minuten vor Schluss die Ente bei 220 °C knusprig braten.

Als Beilage passen Kartoffelklöße.

Wildentenbraten

mit Majoran

2	küchenfertige Wildenten (ca. 1 kg)
	Salz
	weißer Pfeffer aus der Mühle
	Frühstücksspeck
1 TL	Butter
1	Zwiebel
2	säuerliche Äpfel
4 EL	Semmelbrösel
1 EL	Majoran

| Wildenten mit Salz und Pfeffer würzen.

| Speck in feine Würfel schneiden und in Butter auslassen. Zwiebel schälen,
fein würfeln und dazugeben. Äpfel schälen, halbieren, Kerngehäuse entfernen,
in Würfel schneiden und ebenfalls dazugeben.
Semmelbrösel und Majoran untermischen und mit Salz und Pfeffer abschmecken.

| Backofen auf 180 °C vorheizen

| Die Enten mit der Masse füllen und mit Küchengarn zubinden.

| Im Ofen etwa 30 Minuten garen, dabei immer wieder mit Bratfett begießen.
Die Temperatur auf 150 °C reduzieren und weitere 30 Minuten garen.
Etwa 5 Minuten vor Schluss die Enten bei 220 °C knusprig braten.

Wildenten

mit Orangen-Aprikosen-Füllung

2	küchenfertige Wildenten (ca. 1 kg)
	Salz
1	Orange
4	getrocknete Aprikosen
1	Birne
4	Schalotten
1 EL	Butter
2 Zweige	Majoran
2 Zweige	Estragon
10	weiße Pfefferkörner
1	Lorbeerblatt

Ι Wildenten mit Salz würzen.

Ι Orangen waschen, schälen und in feine Scheiben schneiden.

Aprikosen vierteln. Birne waschen, schälen, Kerngehäuse entfernen und in Scheiben schneiden.

Ι Schalotten schälen, in Würfel schneiden und in Butter leicht anbraten.

Ι Majoran und Estragon waschen, trocken tupfen, die Blättchen abzupfen und zu den Schalotten geben.

Ι Pfefferkörner, Lorbeer, Orangenscheiben, Aprikosen und Birnenscheiben ebenfalls dazugeben.

Ι Die Wildenten damit füllen und mit Küchengarn zubinden.

Ι Im Ofen (bei 180 °C) etwa 30 Minuten garen, dabei immer wieder mit Bratfett begießen.

Die Temperatur auf 150 °C reduzieren und weitere 30 Minuten garen.

Etwa 5 Minuten vor Schluss die Enten bei 220 °C knusprig braten.

Ι Den Bratensatz durch ein Sieb, das mit einem Küchenkrepp ausgelegt ist, gießen – so wird der Fond entfettet.

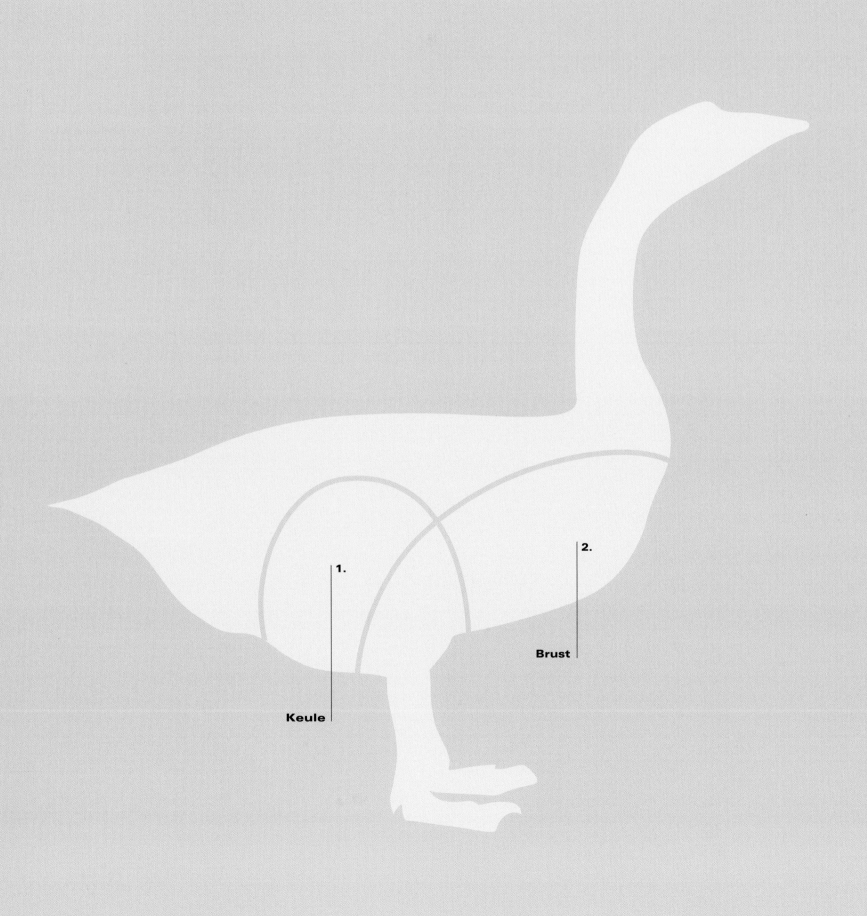

1.

Keule

2.

Brust

Gans

Fünf Arten von Wildgänsen sind jagdbar. Am häufigsten ist die Graugans. Nahezu alle anderen bekannten Wildgänse sind Zugvögel.

Ihre Brutgebiete liegen vornehmlich in den nordischen Ländern.

Wildgänse sind Vegetarier. Sie ernähren sich von Gras, Saat, Seegras, Samen und Wurzeln. Anders als die Wildenten fressen die Gänse tagsüber und liegen nachts auf dem Wasser.

Gänseweißsauer

1	küchenfertige Wildgans
1 Bund	Suppengrün
2	Lorbeerblätter
5	Nelken
5	Wacholderbeeren
10	Pfefferkörner
50 ml	Essig
10 Blatt	Gelatine
	Salz
	weißer Pfeffer aus der Mühle
etwas	Obstessig

Die Gans mit Suppengrün, Gewürzen und Essig in einen Topf geben, mit kaltem Wasser bedecken, zum Kochen bringen und etwa 1½ Stunden köcheln lassen. Den Schaum, der sich an der Wasseroberfläche bildet, nicht abschöpfen. Er besteht aus Eiweiß, das die Trübstoffe in der Brühe bindet.

Wenn die Gans weich ist, herausnehmen und beiseite stellen.

Die Brühe über ein Sieb durch ein feines Tuch gießen und auffangen. Zum Kochen bringen und auf 1 Liter reduzieren.

Die in kaltem Wasser eingeweichte und ausgedrückte Gelatine zugeben und darin auflösen. Mit Salz, Pfeffer und einem Schuss Essig abschmecken.

Das Gänsefleisch von der Karkasse lösen, die Haut entfernen. Das Fleisch in Stücke schneiden und in eine Terrinenform (mit 1½ l Inhalt) schichten.

Mit der Brühe begießen und im Kühlschrank über Nacht fest werden lassen.

Beilage: Bratkartoffeln und Remouladensauce (Rezept S. 27).

Tipp: Dieses klassische ostpreußische Rezept lässt sich wunderbar vorbereiten. Es kann auch mit Wildente zubereitet werden.

Gans gebraten

mit Semmel-Gänseleber-Füllung und Bratäpfeln

1	Zwiebel
2	Gänselebern
4 EL	Sonnenblumenöl
1 TL	gehackter Majoran
1 TL	gehackter Beifuß
	Salz
	weißer Pfeffer aus der Mühle
280 ml	Milch
300 g	Semmeln vom Vortag
2	Eier
3 EL	Öl
15	vorgekochte Maronen
1	küchenfertige Wildgans (ca. 3 kg)

| Einen Bräter 4 cm hoch mit Wasser füllen, die Gans hinein geben und in den auf 170 °C vorgeheizten Ofen schieben. Das Wasser löst das Fett. Nach einiger Zeit ist das Wasser verdunstet und die Gans brät im eigenen Fett.

| Nachdem die Gans Farbe angenommen hat (nach etwa 2 Stunden), die Temperatur auf 125 °C reduzieren. Die Garzeit beträgt insgesamt etwa 3 Stunden.

| Während der Garzeit die Gans mit dem Bratfett übergießen.

| Zwiebel schälen und in feine Würfel schneiden.

| Gänseleber waschen, trocken tupfen und würfeln. Zwiebel und Leber in 1 EL Öl glasig andünsten und mit Majoran und Beifuß, Salz und Pfeffer würzen.

| Milch leicht erhitzen, Semmeln in Scheiben schneiden und in der lauwarmen Milch einweichen. Die Eier zugeben und etwa ½ Stunde stehen lassen. Mit dem restlichen Öl und den Maronen vermengen und die Gans zu 4/5 damit füllen.

| Mit Küchengarn zunähen und die Keulen zusammenbinden. Die Gans mit Salz und Pfeffer würzen.

Bratäpfel

6	Äpfel
etwas	Butter
100 ml	Weißwein

| Das obere Drittel der Äpfel abschneiden und das Kerngehäuse ausstechen.

| Die Äpfel in eine ausgebutterte feuerfeste Form geben, etwas Weißwein angießen und im vorgeheizten Backofen bei 180 °C etwa 10 Minuten schmoren.

Wildgans

mit Apfel-Maronen-Füllung

4	Brötchen vom Vortag
1	Zwiebel
2 Stangen	Sellerie
1	Kochapfel
200 g	gekochte Maronen
4 EL	Butter
1	küchenfertige Wildgans
2 TL	Salbei
1 TL	Thymian
50 ml	Apfelsaft
200 ml	Wildgeflügelbrühe (Rezept S. 18)
	Salz
	weißer Pfeffer aus der Mühle

| Brötchen in Würfel schneiden und im Backofen bei 220 °C etwa 5 Minuten rösten.

| Zwiebel schälen und in feine Würfel schneiden. Sellerie waschen und in feine Scheiben schneiden.

 Apfel schälen, Kerngehäuse entfernen und würfeln. Maronen mit der Gabel zerdrücken.

| Butter in der Pfanne erhitzen. Zwiebel- und Apfelwürfel, Selleriescheiben und Maronen darin anbraten.

 Brötchenwürfel und Kräuter dazugeben und mit Apfelsaft und Wildgeflügelbrühe ablöschen.

 Mit Salz und Pfeffer abschmecken und abkühlen lassen.

| Die Wildgans mit Salz und Pfeffer würzen und mit der Masse füllen. Mit Küchengarn zunähen und die Keulen zusammenbinden.

| Backofen auf 180 °C vorheizen.

| Die gefüllte Gans etwa 2 ½ Stunden im Ofen braten, dabei ständig mit Bratfett und Brühe übergießen.

| Die Hitze auf 220 °C erhöhen und die Gans weitere 20 Minuten lang braun und knusprig werden lassen.

Wildgans
mit Hackfüllung

1	Wildgans oder 2 Wildenten
	Salz
	weißer Pfeffer aus der Mühle
100 ml	Milch
1	altbackenes Brötchen
1	Ei
1	Wildgänseleber oder 2 Wildentenleber
1	Zwiebel
2 EL	Gänsefett
500 g	Schweinehackfleisch
4 EL	gehackte Petersilie
1 TL	gehackter Majoran
100 ml	Wildgeflügelbrühe (Rezept S. 18)

| Die Gans oder Enten säubern, waschen, trocken tupfen und mit Salz und Pfeffer einreiben.

| Milch erwärmen, Brötchen in kleine Würfel schneiden und in der Milch einweichen.
Etwas abkühlen lassen und das Ei zugeben.

| Gänse- oder Entenleber fein würfeln. Zwiebel schälen und ebenfalls würfeln.

| Gänsefett in der Pfanne erhitzen. Zwiebel, Leber und Hackfleisch darin anbraten.
Petersilie und Majoran zugeben und mit Salz und Pfeffer abschmecken.
Vom Herd nehmen und die Brötchenmasse damit vermengen. Gans oder Enten
damit füllen und zunähen, sowie die Keulen zusammenbinden.

| Den Backofen auf 180 °C vorheizen. Die Wildgans etwa 2 ½ Stunden im Ofen braten,
dabei ständig mit auslaufendem Fett und Brühe übergießen. Die Hitze auf 220 °C erhöhen
und die Gans weitere 20 Minuten lang braun und knusprig werden lassen.

| Die Wildenten werden nur ½ Stunde bei 180 °C und 40 Minuten bei 150 °C gebraten, dabei ständig mit
auslaufendem Fett und Brühe begossen. Zum Schluss bei 220 °C bräunen und knusprig werden lassen.

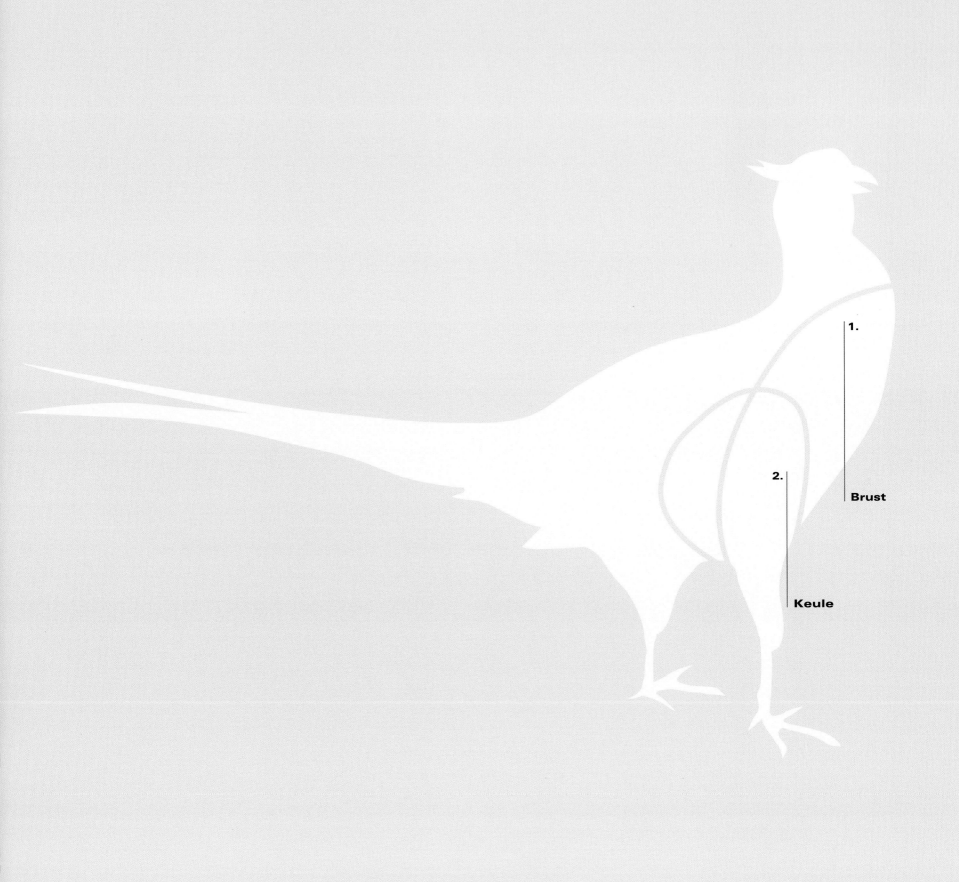

1.

Brust

2.

Keule

Fasan

Fasane kommen überall dort vor, wo ihnen genug Nahrung und Deckung geboten wird. Also an Orten, wo es Wald, Gewässer und Wiesen gibt.

Ihre Lieblingsplätze sind parkähnliche Landschaften mit vielen Mais- und Getreidefeldern.

Sie fressen neben Mais und Getreide auch Feldfrüchte, Gräser und Kräuter, aber auch Larven, Raupen, Schnecken und Fliegen.

Pot au feu von Fasan und Taube
mit Maultäschle

Pot au feu

1	*Fasan*
2	*Wildtauben*
1	*Zwiebel*
1 Bund	*Suppengrün (ca. 250 g)*
	Salz
	weißer Pfeffer aus der Mühle
10 ml	*süßer Sherry*

I Den Fasan und die Tauben auslösen und mit den Karkassen in 2 l kaltem Wasser aufsetzen.

I Zwiebel halbieren und die Schnittflächen mit Alufolie auf der Herd-platte 2-3 mm dunkel bräunen; das gibt der Suppe die schöne Farbe.

I Suppengrün, Zwiebel und Salz in den Topf geben und langsam erhitzen. Wenn sich an der Oberfläche Schaum bildet, diesen nicht abschöpfen; er besteht aus Eiweiß, das die Trübstoffe im kochen-den Fond bindet. Die Brüste nach etwa 30 Minuten Kochzeit heraus-nehmen, die Keulen nach weiteren 20 Minuten. Brüste und Keulen beiseite stellen.

I Den Fond durch ein Küchentuch passieren und auf etwa 1 Liter reduzieren. Jetzt erst mit Salz und Pfeffer abschmecken und den Sherry zugeben.

Maultäschle

200 g	*Mehl*
1	*Ei*
6	*Eigelbe*
	Salz
1 EL	*Öl*

I Aus Mehl, Ei, 3 Eigelben, Salz und Öl einen geschmeidigen Nudel-teig herstellen und eine halbe Stunde abgedeckt ruhen lassen.

I Das Keulenfleisch vom Fasan vom Knochen lösen und in kleine Würfel schneiden.

I Den Nudelteig dünn ausrollen und halbieren.

I Eine Hälfte mit 3 Eigelben bestreichen und mit einem Eßlöffel kleine Häufchen des gewürfelten Keulenfleischs daraufsetzen. Mit der anderen Nudelplatte abdecken, die Ränder zwischen den Häufchen gut andrücken und mit einem gezackten Teigrad gleichmäßig ausschneiden.

I Die Maultäschle in der fertigen Fasanensuppe aufkochen und etwa 5 Minuten ziehen lassen.

Anrichten

1	*Karotte (ca. 50 g)*
1 Stück	*Sellerie (ca. 50 g)*
1 Stück	*Steckrübe (ca. 50 g)*
	Salz
4 Zweige	*Estragon*

I Karotte, Sellerie und Steckrübe putzen, schälen und in feine Würfel schneiden. Kurz in kochendem Salzwasser blanchieren, mit kaltem Wasser abschrecken und beiseite stellen.

I Estragon waschen, trocken tupfen und fein schneiden. Die Brüste in feine Scheiben schnei-den und die Taubenkeulen mit dem blanchierten Wurzelgemüse in einer Terrine oder Kupfer-kasserole anrichten, die heiße Suppe mit den Maultaschen darüber geben und mit Estragon betreuen.

Für 4 Personen

Gebratene Fasanenbrüste
mit Pfirsichchutney und Chilifäden

5	Pfirsiche
2 EL	brauner Zucker
4 EL	Obstessig
1/8 l	Weißwein
1 EL	Senfpulver (Gewürzhändler)
1 TL	Chilifäden (Gewürzhändler)
1 EL	frische gehackte Zitronenmelisse
4	Fasanenbrüste
	Salz
	weißer Pfeffer aus der Mühle
2 EL	Butter (und etwas Butter für die Form)
1 EL	Zucker

Den Backofen auf 170 °C vorheizen.

Pfirsiche ganz kurz in kochendes Wasser tauchen, in kaltem Wasser abschrecken und die Haut abziehen.
Die Pfirsiche halbieren, entsteinen und in Spalten schneiden. 8 Spalten zum Anrichten beiseite legen.

Braunen Zucker im Topf karamellisieren lassen, mit Essig und Weißwein ablöschen und mit 1/8 l Wasser auffüllen.

Pfirsichspalten, Senfpulver und Chilifäden zugeben und etwa 15 Minuten auf kleiner Flamme kochen lassen,
dabei ab und zu umrühren. Zitronenmelisse darüber streuen.

Die Fasanbrüste mit Salz und Pfeffer würzen und in einer gebutterten feuerfesten Form 10-12 Minuten im Backofen braten.

Die Butter schmelzen, den Zucker darin karamellisieren lassen und die 8 Pfirsichspalten kurz darin schwenken.

Die Fasanenbrüste zusammen mit dem Chutney und den karamellisierten Pfirsichspalten anrichten.

Tipp: Das Chutney hält sich gut verschlossen im Kühlschrank einige Tage.

Fasan à la Backhendl
mit lauwarmem Kartoffel-Gurken-Salat

Fasan à la Backhendl

4	Fasanenbrüste, ohne Haut
	(à ca. 120 g)
	Salz
	weißer Pfeffer aus der Mühle
50 g	Mehl
2	Eier (Größe M)
200 g	Semmelbrösel
4 EL	Butterschmalz

Lauwarmer Kartoffel-Gurken-Salat

8	fest kochende Kartoffeln
	Salz
1	kleine Gartengurke
150 ml	Wildgeflügelbrühe (Rezept S. 18)
	oder Gemüsebrühe
1	kleine Zwiebel
1 EL	Butter
1 TL	Senf
6 EL	Apfelessig
1 EL	gehackte Petersilie
	weißer Pfeffer aus der Mühle
3 EL	Sonnenblumenöl

| Den Backofen auf 180° C vorheizen.

| Die Fasanenbrüste mit Pfeffer und Salz würzen.
  Zuerst in Mehl, dann in verschlagenem Ei und anschließend
  in Semmelbröseln wenden.

| In einer heißen Pfanne mit Butterschmalz von beiden Seiten
  goldbraun braten und im vorgeheizten Ofen etwa 5 Minuten
  fertig garen.

| Kartoffeln waschen und in reichlich Salzwasser etwa
  20 Minuten kochen.

| Gurke waschen, schälen und in feine Scheiben schneiden.
  Die Gurkenscheiben salzen und 10 Minuten auf einem
  Sieb abtropfen lassen.

| Brühe erhitzen. Zwiebel schälen, in feine Würfel schneiden und
  in Butter anschwitzen. Kartoffeln pellen und in feine Scheiben
  schneiden.

| Brühe mit den Zwiebelwürfeln, Senf, Essig und Petersilie gut
  vermengen. Kartoffelscheiben und Gurken untermischen und
  mit Salz und Pfeffer würzen.

| Ganz zum Schluss das Öl zugeben und den Salat sofort zum
  Backhendl-Fasan servieren.

1.

Brust

2.

Keule

Taube

Die Nahrung der Wildtauben besteht hauptsächlich aus Samen, Beeren, Eicheln sowie aus Insekten.

Lebensraum der Wildtauben sind Wälder und landwirtschaftlich genutzte Flächen mit ruhigen Nistgelegenheiten.

Das Fleisch junger Tauben ist zart, leicht verdaulich und von bester Qualität. Bei älteren Tieren ist der typische Wildtaubengeschmack stärker ausgeprägt.

Taubenbrüste

mit geschmortem Chicorée

4	küchenfertige Wildtauben
1 Bund	Suppengrün
150 ml	Sahne
1 EL	Speisestärke
	Salz
	weißer Pfeffer aus der Mühle
2 EL	Sonnenblumenöl
4 Stauden	Chicorée
8 Scheiben	Frühstücksspeck
2 EL	Butter
1 TL	Zucker
0,2 l	Brühe

⏐ Wildtauben auslösen. Karkassen und Keulen mit kaltem Wasser bedecken und zum Kochen bringen.
Suppengrün zugeben und daraus einen Fond kochen.

⏐ Nach etwa 1 Stunde den Fond passieren und auf ½ l einkochen. 400 ml Fond mit Sahne aufkochen,
mit etwas in kaltem Wasser angerührter Stärke binden und mit Salz und Pfeffer abschmecken.

⏐ Die Taubenbrüste mit Salz und Pfeffer würzen, auf der Hautseite in einer Pfanne mit Sonnenblumenöl
anbraten und etwa 5 Minuten in den auf 170 °C vorgeheizten Ofen geben.
Danach in der fertigen Sauce weitere 5 Minuten gar ziehen lassen.

⏐ Chicorée putzen, waschen, halbieren und den Strunk herausschneiden. Die Chicoréehälften mit jeweils
einer Speckscheibe umwickeln und in einem Bräter in schäumender Butter mit etwas Zucker und Salz anbraten.
Einmal wenden und mit Brühe ablöschen.

⏐ Bei 180 °C im Ofen zugedeckt etwa 15 Minuten weich schmoren und zu den Taubenbrüsten servieren.

Servieren Sie dazu Kartoffelpüree.

Tauben-Crêpinette
mit Schupfnudeln

Tauben-Crêpinette

ca. 60 g	*Karotte*
ca. 60 g	*Sellerie*
ca. 60 g	*Lauchstange, nur das Weiße*
	Salz
300 g	*Kalbsbrät (vom Metzger)*
3 EL	*geschlagene Sahne*
2	*Eigelbe*
2 EL	*gehackte Kräuter (Petersilie, Schnittlauch, Kerbel)*
1	*Schweinenetz (vom Metzger)*
8	*Wildtaubenbrüste*
	weißer Pfeffer aus der Mühle
2 EL	*Sonnenblumenöl*
0,3 l	*Rotweinsauce (Rezept S. 22)*

Ⅰ Karotte, Sellerie und Lauch putzen, schälen und in sehr feine Würfel schneiden (Brunoise). Kurz in kochendem Salzwasser blanchieren, mit kaltem Wasser abschrecken und beiseite stellen.

Ⅰ Kalbsbrät mit Sahne und Eigelb verfeinern. Ⅰ Kräuter und Gemüsebrunoise untermengen.

Ⅰ Den Backofen auf 180° C vorheizen.

Ⅰ Das Schweinenetz gut wässern und zu einem Rechteck von etwa 20 x 50 cm zuschneiden. In der Mitte eine Fläche von etwa 10 x 25 cm mit 3 EL Kalbsbrätfarce dünn bestreichen.

Ⅰ Die Taubenbrüste mit Salz und Pfeffer würzen und auf der Hautseite in Sonnenblumenöl anbraten. 4 Taubenbrüste nebeneinander mit der Hautseite nach unten auf die Farce setzen, mit einem Teil der Farce bestreichen und die restlichen Taubenbrüste mit der Hautseite nach oben darauf setzen.

Ⅰ Mit der restlichen Farce bestreichen und in das Schweinenetz einrollen.

Ⅰ Im vorgeheizten Backofen etwa 13 Minuten garen, herausnehmen und 5 Minuten ruhen lassen. Anschließend weitere 2-3 Minuten im Backofen erwärmen.

Ⅰ Die Rotweinsauce erhitzen und dazu servieren.

Schupfnudeln

500 g	*Pellkartoffeln vom Vortag*
150 g	*Mehl*
1	*Eigelb*
1	*Ei*
	Salz
	Pfeffer aus der Mühle
	Muskat
1 EL	*Butter*

Ⅰ Die Kartoffeln durch eine Kartoffelpresse drücken und mit den Zutaten zu einem geschmeidigen Teig verarbeiten. 1/2 Stunde ruhen lassen und zu kleinen Kugeln formen.

Ⅰ Die Kugeln „schupfen", das heißt zwischen den Handinnenflächen rollen, so dass Schupfnudeln entstehen.

Ⅰ In Salzwasser etwa 5 Minuten kochen und in schäumender Butter leicht anbraten.

Zu Tauben-Crêpinette und Schupfnudeln passen verschiedene Gemüse der Saison.

Tipp: Zur Verfeinerung ein blanchiertes Mangold-, Spinat- oder Wirsingblatt zwischen Schweinenetz und Kalbsbrätfarce legen.

Kaninchen

& Hase

Kaninchensülze mit Tomaten-Brot-Salat
und Petersilienpesto

Kaninchen in Pommery-Senfsauce

Kaninchenschmorbraten mit Tomaten und Rosmarin

Wildhasenpfeffer

Gebratene Wildhasenfilets im Speckmantel
mit Balsamessig-Zwetschgen

Wildhasenrücken im Kräutercrêpe

Wildhasenkeule mit Brotknöpfle

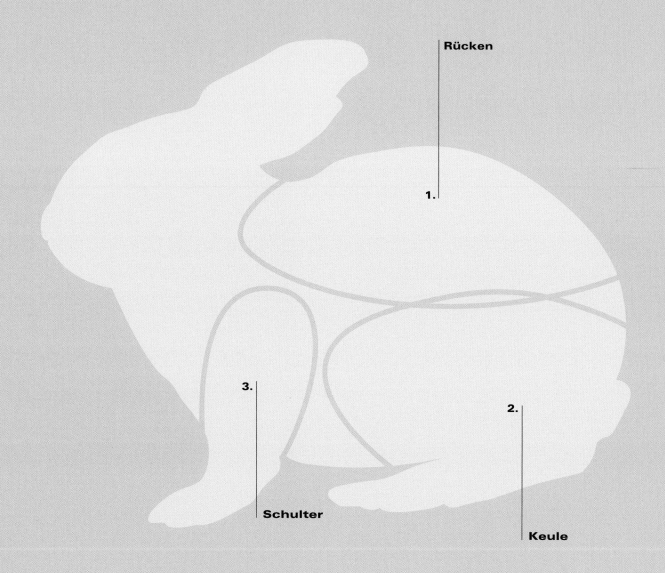

Rücken

1.

3.

Schulter

2.

Keule

Kaninchen

Wildkaninchen sind wesentlich kleiner als Hasen. Urheimat der Wildkaninchen waren die Mittelmeerländer. Seit dem späten 18. Jahrhundert sind Kaninchen auch bei uns heimisch.

Sie leben bevorzugt in Gegenden mit leicht trockenem, sandigem Boden.

Wie Feldhasen ernähren sie sich vor allem von Gräsern, Kohlpflanzen, Rüben, Kräutern, Flechten, Zweigen, Rinde und jungen Trieben.

Die Zubereitung ist mit der von Hasen vergleichbar. Wegen der kleineren Größe hat Kaninchenfleisch eine kürzere Garzeit. Kaninchen hat die beste Fleischqualität im Herbst und Winter.

Kaninchensülze

mit Tomaten-Brot-Salat und Petersilienpesto

Kaninchensülze

Diese Sülze wird im Gegensatz zu Sülzen mit rotem Fleisch ohne Pökelsalz hergestellt.

1	*Zwiebel*
1 kg	*Wildkaninchenfleisch mit Knochen*
	(Keulen, Schultern)
1 Bund	*Suppengrün*
2	*Lorbeerblätter*
6	*weiße Pfefferkörner*
	Salz
150 g	*Wurzelgemüse (Sellerie, Karotte, Lauch)*
	weißer Pfeffer aus der Mühle
18 Blatt	*Gelatine*

Zwiebel mit der Schnittfläche in einer Pfanne ohne Fett dunkel bräunen (das gibt dem Fond eine schöne Bernsteinfarbe). Das Kaninchenfleisch mit Suppengrün, Gewürzen, Salz und der braunen Zwiebel in ungefähr 2 Liter Wasser kalt aufsetzen und etwa 45 Minuten gar kochen. Das Fleisch von den Knochen lösen, abkühlen lassen und in kleine Würfel schneiden. Wurzelgemüse putzen, schälen und in sehr feine Würfel schneiden. Kurz in kochendes Salzwasser geben, in Eiswasser abschrecken und beiseite stellen. Den Fond auf einen Liter einkochen. Mit Salz und Pfeffer abschmecken. Gelatine in kaltem Wasser einweichen, gut ausdrücken und in den Fond geben. Fleisch- und Gemüsewürfel in eine Terrinenform oder in kleine Timbaleförmchen einschichten, mit dem lauwarmen Fond aufgießen und über Nacht im Kühlschrank gelieren lassen. Vor dem Servieren die Timbaleförmchen kurz in heißes Wasser tauchen und danach stürzen.

Petersilienpesto

Für 1 Glas mit ca. 400 ml

200 g	*frische Blattpetersilie*
1	*Knoblauchzehe*
200 ml	*Olivenöl*
50 g	*geröstete Pinienkerne*
50 g	*geriebener Parmesan*
	Salz
	weißer Pfeffer aus der Mühle

Petersilie putzen, waschen und klein schneiden. Im Küchenmixer zusammen mit der Knoblauchzehe und dem Olivenöl zerkleinern, Pinienkerne und Parmesan zugeben und weitere 10 Sekunden mixen. Mit Salz und Pfeffer abschmecken.

Dieses Pesto hält sich im Kühlschrank bis zu 6 Wochen.

Tomaten-Brot-Salat

2	*große Tomaten*
1	*Baguette*
8 EL	*Olivenöl*
	Salate der Saison
2 EL	*Balsamessig*
	Salz
	weißer Pfeffer aus der Mühle

Tomaten waschen, kurz blanchieren, schälen und in Scheiben schneiden. Das Baguette dünn aufschneiden und in 4 EL Olivenöl rösten. Die Baguettescheiben abwechselnd mit den Tomatenscheiben auf Tellern anrichten. Die Salate putzen, waschen und trocknen, mit Essig und dem restlichen Olivenöl marinieren und mit Petersilienpesto verfeinern.

Kaninchen in Pommery-Senfsauce

2	Wildkaninchenrücken
4	Wildkaninchenkeulen
	Salz
	weißer Pfeffer aus der Mühle
4	EL Sonnenblumenöl
8	Schalotten
4	Frühlingszwiebeln
1 Bund	Estragon
200 ml	Weißwein
300 ml	Wildbrühe (Rezept S. 14)
200 g	Crème fraîche
evtl. etwas	Speisestärke
2 EL	Pommery-Senf

| Den Backofen auf 180 °C vorheizen.

| Die Kaninchenteile mit Salz und Pfeffer würzen. In einem Bräter von beiden Seiten in Öl anbraten, herausnehmen und beiseite stellen.

| Schalotten schälen und halbieren. Frühlingszwiebeln putzen, waschen und ebenfalls halbieren. Schalotten und Frühlingszwiebeln in dem Kaninchenbratfett anschwitzen und, wenn sie Farbe angenommen haben, das Fleisch obenauf legen.

| 25-30 Minuten im vorgeheizten Backofen garen.

| Estragon waschen, trocken tupfen und fein schneiden.

| Fleisch und Gemüse aus dem Bräter nehmen. Den Bratensatz mit Weißwein ablöschen und kurz einkochen. Mit Wildbrühe und Crème fraîche auffüllen und gut durchkochen lassen.

| Eventuell mit etwas Speisestärke binden. Den Senf einrühren (nicht mehr kochen lassen) und mit dem Estragon verfeinern.

Kaninchenschmorbraten

mit Tomaten und Rosmarin

3	Zwiebeln
6	Knoblauchzehen
6	Tomaten
15	Kirschtomaten
1200 g	Wildkaninchen (in mittelgroße Stücke geschnitten, mit Knochen)
	Salz
	weißer Pfeffer aus der Mühle
8 EL	Olivenöl
3 EL	Tomatenmark
400 ml	Weißwein
4 Zweige	Rosmarin
4 Zweige	Thymian
evtl. etwas	Wildbrühe (Rezept S. 14)

| Den Backofen auf 180 °C vorheizen.

| Zwiebeln und Knoblauch schälen und in Würfel schneiden. Tomaten waschen und würfeln, Kirschtomaten waschen und halbieren.

| Die Kaninchenstücke mit Salz und Pfeffer würzen und in einem Bräter mit 4 EL Olivenöl von allen Seiten goldbraun anbraten. Das Bratfett abgießen. Die Kaninchenstücke mit Zwiebeln, Knoblauch, Tomatenmark, Tomaten und dem restlichen Olivenöl im Backofen etwa 15 Minuten garen.

| Mit dem Weißwein ablöschen, Rosmarin- und Thymianzweige zugeben und weitere 15 Minuten garen.

| Sollten die Tomaten nicht genügend Flüssigkeit abgeben, muss mit etwas Wildbrühe aufgefüllt werden.

| Mit Salz und Pfeffer abschmecken und servieren.

Dazu schmecken Nudeln oder einfach nur Baguette.

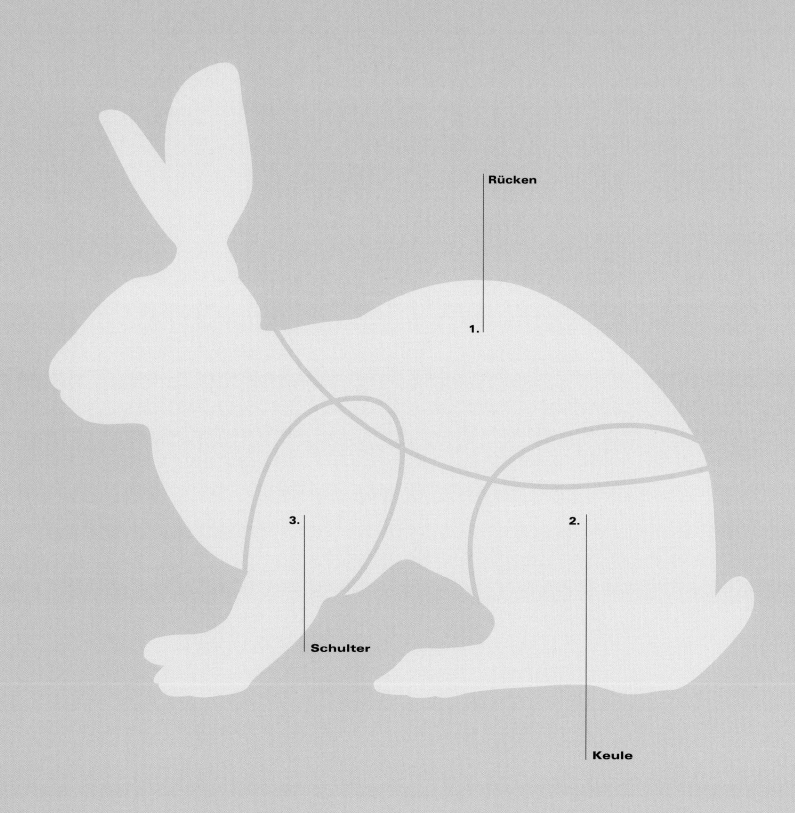

Rücken

1.

3.

Schulter

2.

Keule

Hase

Ursprünglich ein Steppenbewohner, hat sich der Hase unseren Landschaften gut angepasst. Er schätzt trockenen Boden und Gegenden mit vielen Feldern, die von kleinen Wäldern unterbrochen werden.

Hasen sind in der Ernährung anspruchsvoll: Sie benötigen fast einhundert verschiedene Kräuter und können sich auch mit der Auswahl von Nahrung („Die Hasenapotheke") selbst heilen. Ansonsten fressen sie Gräser, Triebe und Rinde von Obstbäumen und Weichhölzern, Getreidesaat, Kohlpflanzen, Wurzeln und Rüben.

Bei jungen Tieren hat das Fleisch einen milden Geschmack. Bei älteren Tieren ist der Geschmack ausgeprägt würzig.

Wildhasenpfeffer

800 g	Wildhasenfleisch, aus der Keule gelöst
5 EL	Sonnenblumenöl
	Salz
250 g	Röstgemüse (Karotte, Sellerie, Zwiebel, Lauch)
400 ml	Rotwein
1 l	Wildbrühe (Rezept S. 14)
20	weiße Pfefferkörner
4	Lorbeerblätter
10	Wacholderbeeren
5	Petersilienstängel
etwas	Speisestärke
	weißer Pfeffer aus der Mühle
2 EL	Preiselbeeren
2 EL	Johannisbeergelee

| Das Hasenfleisch in 4 EL heißem Öl scharf anbraten, mehrmals wenden und mit Salz würzen.
  Das Fleisch herausnehmen und das Fett abgießen.

| Röstgemüse putzen, waschen, gegebenenfalls schälen und in grobe Würfel schneiden.
  In dem restlichen Öl anbraten. Das Fleisch zugeben und kurz mit braten.

| Mit Rotwein ablöschen. So lange einkochen lassen, bis der Wein vollständig verkocht ist.

| Wildbrühe zugießen, Pfefferkörner zerstoßen, Gewürze und Kräuter zugeben und bei
  geschlossenem Deckel etwa 1 ¾ Stunden bei niedriger Temperatur schmoren.

| Das Fleisch herausnehmen und die Sauce durch ein Sieb in einen Topf gießen.
  Eventuell mit etwas in kaltem Wasser angerührter Speisestärke binden.

| Mit Salz und Pfeffer würzen und mit Preiselbeeren und Gelee abschmecken.

| Das Fleisch wieder in die Sauce geben und darin erwärmen.

Tipp: Die nicht verwendete Sauce eignet sich zum portionsweisen Einfrieren und kann für spätere Hasengerichte benutzt werden.

Gebratene Wildhasenfilets im Speckmantel
mit Balsamessig-Zwetschgen

Wildhasenfilets

4	*Wildhasenrückenfilets*
	Salz
	weißer Pfeffer aus der Mühle
4 Scheiben	*Frühstücksspeck*
1 EL	*Sonnenblumenöl*
4	*Salbeistängel*

Balsamessig-Zwetschgen

20	*Zwetschgen*
100 g	*Zucker*
20 ml	*Balsamessig*
250 ml	*Rotwein*
2	*Zimtstangen*

| Den Backofen auf 180° C vorheizen.

| Die Wildhasenrückenfilets leicht mit Salz und Pfeffer würzen und mit je einer Speckscheibe einwickeln.
In Öl nicht zu scharf anbraten und im vorgeheizten Backofen mit dem Salbei etwa 8 Minuten fertig garen.

| Zwetschgen waschen, halbieren und entsteinen. Zucker in einer Pfanne erhitzen, bis er flüssig wird.
Mit Essig und Rotwein ablöschen, die Zwetschgen und die Zimtstangen zugeben und 5-8 Minuten gut
durchkochen lassen.

| Zu den Hasenfilets servieren.

Wildhasenrücken im Kräutercrêpe

Wildhasenrücken

50 g	Karotte
50 g	Sellerie
50 g	Lauch (nur das Weiße)
250 g	Kalbsbrät
3 EL	geschlagene Sahne
2	Eigelbe
2 EL	gehackte Kräuter (Petersilie, Kerbel, Schnittlauch)
4	Hasenrückenfilets
	Salz
	weißer Pfeffer aus der Mühle
1 EL	Butter
	grobes Salz

Kräutercrêpes

150 g	Mehl
4	Eier
250 ml	Milch
2 EL	gehackte Petersilie
1 TL	Salz
2 EL	Sonnenblumenöl

| Alle Zutaten bis auf das Öl mit einem Handrührgerät zu einem glatten, geschmeidigen Teig verrühren.
| Sonnenblumenöl in einer Pfanne erhitzen. Eine kleine Teigmenge hineingießen und nacheinander vier Crêpes bei mittlerer Temperatur von beiden Seiten goldbraun backen und beiseite stellen.

| Karotte, Sellerie und Lauch waschen, putzen, schälen und in sehr feine Würfel schneiden. Das Gemüse kurz in kochendes Salzwasser geben, mit kaltem Wasser abschrecken und beiseite stellen.
| Kalbsbrät mit Sahne und Eigelben verfeinern und mit Kräutern und Gemüsewürfeln vermengen. Die Hasenrückenfilets mit Salz und Pfeffer würzen. In je eine Crêpe einrollen und diese wiederum in eine gebutterte Alufolie einschlagen.
| Bei 180 °C im Ofen 15-18 Minuten garen. Etwa 5 Minuten ruhen lassen, dann nochmals 2-3 Minuten erwärmen.
| Zum Servieren die Crêperöllchen aufschneiden, die Schnittflächen mit grobem Salz und Pfeffer würzen.

Servieren Sie dazu etwas helle Sauce (Rezept S. 32) und etwas dunkle Sauce (Wacholdersauce, Rezept S. 22).

Wildhasenkeule
mit Brotknöpfle

Wildhasenkeulen

10	Wacholderbeeren
4 Zweige	Rosmarin
2	Knoblauchzehen
4	Wildhasenkeulen
	Salz
	weißer Pfeffer aus der Mühle
2 EL	Sonnenblumenöl

Brotknöpfle

200 g	Mehl
4	Eier
	Salz
100 ml	Milch
150 g	Weißbrot
3 EL	gehackte Petersilie
	Muskatnuss
1 MS	Kurkuma (Gewürzhändler)
3 EL	Butter

| Backofen auf 180 °C vorheizen.

| Kräuter waschen und trocken tupfen.
  Die Knoblauchzehen zerdrücken.

| Die Hasenkeulen mit Salz und Pfeffer würzen.

| In einer Pfanne oder einem Bräter mit dem Röhrenknochen
  in Öl anbraten und im Backofen etwa 25 Minuten fertig garen.

| Kräuter, Wacholderbeeren und Knoblauch erst nach
  10 Minuten zugeben, damit sie nicht verbrennen.

| Aus Mehl, Eiern, Salz und Milch einen glatten Spätzleteig herstellen.

| Vom Weißbrot die Rinde abschneiden, das Innere in Würfel
  schneiden und unterheben. 20 Minuten ruhen lassen.
  Die Petersilie dazugeben. Mit Salz, Muskat und Kurkuma
  abschmecken.

| Mit einem Kaffeelöffel kleine Nocken abstechen. 15 Minuten in
  kochendem Salzwasser leicht köcheln lassen.

| In Eiswasser abschrecken und auf ein Sieb geben.

| Kurz vor dem Anrichten in schäumender Butter anbraten.

Dazu passt die Wacholdersauce (Rezept S. 22).

Kleines Jägerlatein

Aufbrechen

So bald wie möglich nach dem Schuss wird „aufgebrochen", d.h. der Jäger öffnet den Wildkörper und entnimmt sämtliche Innereien. Nun kann der Wildkörper gut auskühlen. Die Organe werden auf auffällige Veränderungen hin in Augenschein genommen. Alle durch die Schusseinwirkung beeinträchtigten Teile werden entfernt.

Auskühlen

Nach der Jagd wird das Wild unverzüglich in eine Kühlkammer gehängt. Dort wird der Wildkörper so schnell wie möglich auf + 7 Grad heruntergekühlt. Die Forstämter und Jagdpächter verfügen in der Regel über gut ausgestattete Wildkammern, in denen das Wild sachgemäß bis zum Abholen durch den Wildhändler, Metzger oder Endverbraucher gelagert werden kann.

Abhängen

In der gekühlten Wildkammer sollte das Wild 3-4 Tage abhängen. In diesem Zeitraum wird im Körper Glykogen, die muskeleigene Energiereserve, abgebaut und in Milchsäure umgewandelt. Dieser Prozess wird als „Fleischreifung" bezeichnet. Auf das Abhängen des Wildbrets darf auf keinen Fall verzichtet werden, denn dadurch wird das Fleisch zart. Nicht abgehangenes Wild ist unabhängig von seinem Alter zäh.

Wildbret

Beim Jäger oder beim Forstamt bekommt man ganze Tiere in der „Decke", d.h. im Fell zu günstigen Preisen. Dieses Wild stammt garantiert aus freier Wildbahn. Zerlegtes Wildbret erhält man beim Wildhändler, Metzger und auch beim Jäger. Damit das Fleisch in einwandfreiem Zustand verkauft wird, muss sich der Jäger an die Hygieneverordnungen halten, denn das Wildbret ist ein empfindliches Lebensmittel.

Verwertbare Teilstücke

Reh, Gams und Hirsch schlägt man aus der Decke, Wildschweine schwartet man ab, d.h. man zieht ihnen das Fell ab. Beim Zerlegen erhält man folgende küchenfertige Bratstücke:

Blätter

Schulterblätter eignen sich zum Schmoren oder Braten – als Ragout oder auch als Rollbraten. Blätter werden nie kurzgebraten.

Hals

Dieser kann ausgelöst im Ganzen geschmort werden oder lässt sich als Ragout oder Gulasch verwenden.

Keulen

Die einzelnen Muskelpartien erlauben es, die Keulen leicht in verschiedene Bratstücke zu zerteilen. Auch hier gilt Braten, Schmoren oder Kurzbraten.

Leber, Herz und Nieren

Wildinnereien, besonders Leber, Niere und das Herz, sind eine Delikatesse. Sie werden in schäumender Butter in der Pfanne kurz geschwenkt und nur mit Salz und Pfeffer gewürzt.

Rippen

Die Rippen und Bauchlappen eignen sich als Rollbraten oder zur Herstellung von Sülzen oder Hack.

Rücken

Das Fleisch eignet sich zum Braten oder in Medaillons zerteilt zum Kurzbraten. An der Innenseite des Rückens befinden sich die besonders zarten Filets. Diese werden ausgelöst und sind eine Delikatesse.

Zunge und Hirn

Die Zunge und das Hirn werden leider viel zu selten verwertet. Zunge eignet sich als Einlage in der Sülze, und Hirn gebacken auf „Wiener Art".

Tipps für die Zubereitung

Bratzeiten (Annäherungswerte):

Sollten Sie Wildteile im Ganzen mit Knochen braten, dann gelten die folgenden Richtwerte für die Garzeit mit Ofentemperatur von 180 °C.

Wild	Gewicht	Bratzeit
Rehrücken	2 kg	25 Minuten
Rehkeule	2 kg	40 Minuten
Frischlingsrücken	2,5 kg	35 Minuten
Frischlingskeule	2 kg	45 Minuten

Portionsgrößen (Rohgewicht). Alle Angaben für Hauptgerichte.

Kurzgebratenes	200 g pariertes Fleisch
Keule oder Rücken mit Knochen	250 – 300 g
Schmorbraten ohne Knochen	300 g
Schmorbraten mit Knochen	350 g
Gulasch und Ragout	300 g

Einfrieren, aber richtig!

Wild eignet sich gut zum Einfrieren. Das Fleisch sollte vor dem Einfrieren nicht mariniert werden. Die Lagerzeit des eingefrorenen Wilds sollte 4 Monate nicht überschreiten.

Schalen-wild

Wildschwein, Reh, Gams, Rot-, Dam-, Sika- und Muffel-wild haben Klauen in Schalenform.

Der überwiegende Teil des erlegten und verfügbaren Schalenwilds entstammt der Jugendklasse und ist somit von Natur aus von höchster Qualität.

Damit Wildgerichte zum wahren Genuss werden, hat schon der Jäger, der das Wild erlegt, seinen Beitrag zu leisten. Ein präziser Schuss ist Voraussetzung für gute Verarbeitung.

Gams

Milzschnitten von der Gams in Wildconsommé mit Pilzen

Geschnetzeltes Gamsleberle mit Rösti

Gratinierte Gamsmedaillons mit Steinpilzen

Gamsmedaillons mit Speckknödel

Gamskeule mit Aprikosen-Zwetschgen-Chutney

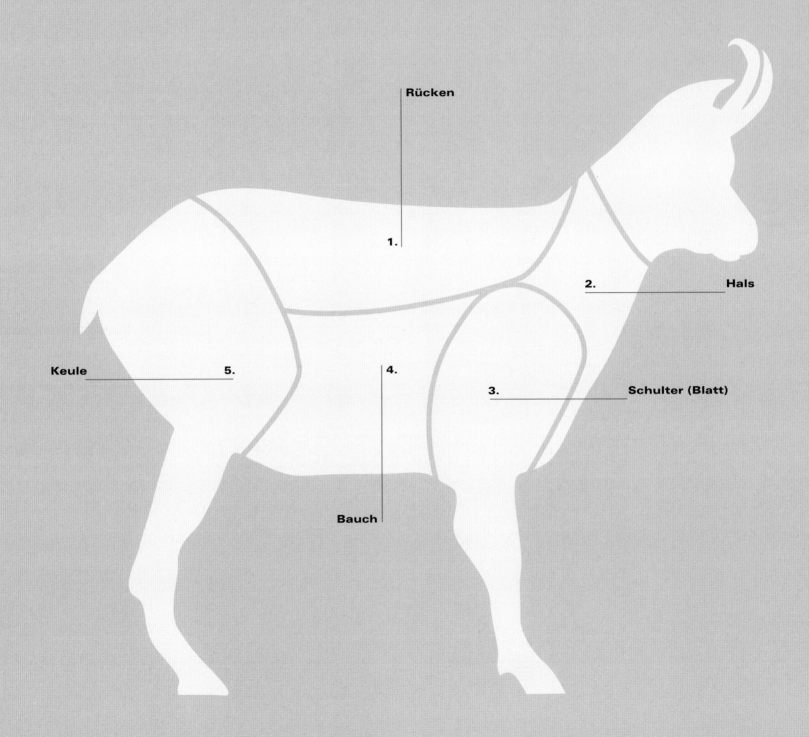

Rücken

1.

2.   Hals

Keule   5.

4.

3.   Schulter (Blatt)

Bauch

Gams

Gämsen sind Gebirgswild und leben z.B. in den Alpen und den Pyrenäen sowie auch in Mittelgebirgen wie dem Schwarzwald und den Vogesen. Die Gams ist die einzige in Deutschland vorkommende Antilopenart.

Die Äsung dieser Hornträger besteht aus Gräsern, Bergkräutern, Blättern, Flechten und Moosen.

Das dunkle Fleisch der älteren Gämsen zeichnet sich durch sein besonderes Aroma aus, generell lässt sich das ziegenartige Huftier aus dem Gebirge wie Rehfleisch zubereiten.

Milzschnitten von der Gams
in Wildconsommé mit Pilzen

250 g	Milz von der Gams
250 g	Wildfleisch
1 kleine	Zwiebel
2 EL	Butter
2 EL	gehackte Petersilie
	Salz
	weißer Pfeffer aus der Mühle
4 Scheiben	Toastbrot
750 ml	Wildconsommé (Rezept S. 14-17)
200 g	Pfifferlinge und Steinpilze
1 Bund	Schnittlauch

| Backofen auf 160 °C vorheizen.

| Die Milz und das Wildfleisch im Fleischwolf durch die feine Scheibe drehen.

| Die Zwiebel schälen, in feine Würfel schneiden und in 1 EL Butter anschwitzen.

| In einer Schlüssel die Milz-Wildfleisch-Masse, Zwiebel und Petersilie mischen
 und mit Salz und Pfeffer abschmecken.

| Brot toasten und mit der Masse bestreichen. Die Scheiben auf einem Blech im Ofen
 etwa 5 Minuten backen.

| Wildconsommé erhitzen und mit Salz und Pfeffer abschmecken.

| Pfifferlinge und Steinpilze putzen, in der restlichen Butter braten und leicht mit Salz
 und Pfeffer würzen.

| Die Milzschnitten diagonal durchschneiden und mit den Pilzen in der Wildconsommé servieren.

| Schnittlauch klein schneiden und darüber streuen.

Tipp: Es eignet sich die Milz aller Schalenwildarten.

Geschnetzeltes Gamsleberle
mit Rösti

Geschnetzelte Gamsleber

1	Gamsleber
	weißer Pfeffer aus der Mühle
2	Schalotten
2 EL	Butter
4 EL	Apfelessig
¼ l	Wildsauce (Rezept S. 20)
	Salz

| Die Gamsleber in feine Streifen schneiden und mit Pfeffer würzen.

| Schalotten schälen und in kleine Würfel schneiden.

| In einer Pfanne die Butter erhitzen. Die Leber in schäumender Butter schwenken, Schalottenwürfel zugeben und kurz mit schwenken.

| Mit dem Essig ablöschen und der heißen Wildsauce auffüllen.

| Jetzt erst salzen.

Um zu vermeiden, dass die Leber trocken und hart wird, darf sie nur kurz kochen und sollte danach sofort serviert werden.

Rösti

4 große	gekochte, gepellte Kartoffeln
2 große	rohe, geschälte Kartoffeln
	Salz
	weißer Pfeffer aus der Mühle
2 EL	Sonnenblumenöl

| Die rohen und die gekochten Kartoffeln auf einer Küchenreibe reiben und mit Salz und Pfeffer würzen.

| Das Sonnenblumenöl erhitzen und aus der Kartoffelmasse von beiden Seiten goldbraune Rösti braten.

Tipp: Schmeckt auch mit Frischlings-, Reh- oder Hirschkalbsleber.

Gratinierte Gamsmedaillons

mit Steinpilzen

8	Gamsrückenmedaillons (à ca. 80 g)
	Salz
	weißer Pfeffer aus der Mühle
2 EL	Sonnenblumenöl
400 g	Steinpilze
1	Schalotte
1 EL	Butter
200 ml	Sahne
1 EL	Crème fraîche
2 EL	geschlagene Sahne
1 EL	gehacktes Basilikum
1 EL	Schnittlauchröllchen

Die Gamsrückenmedaillons mit Salz und Pfeffer würzen und in einer Pfanne mit heißem Öl
von jeder Seite etwa 1 Minute braten.

Steinpilze putzen und in feine Scheiben schneiden. Schalotte schälen und in kleine Würfel schneiden.
Schalottenwürfel in Butter leicht anschwitzen. Steinpilze dazugeben und gut anbraten. Durchschwenken,
Sahne und Crème fraîche zugeben und kurz kochen lassen.

Wenn die Sauce sämig ist, die geschlagene Sahne und die Kräuter zugeben und mit Salz und Pfeffer abschmecken.

Die Medaillons in eine gefettete Auflaufform geben und mit der Steinpilzsauce übergießen.

Bei großer Oberhitze im Backofen etwa 10 Minuten gratinieren.

Gamsmedaillons
mit Speckknödel

Gamsmedaillons

8	*Gamsmedaillons (à 90 g)*
	Salz
	weißer Pfeffer aus der Mühle
2 EL	*Sonnenblumenöl*

| Die Medaillons mit Salz und Pfeffer würzen und in
  Sonnenblumenöl von beiden Seiten etwa 4 Minuten braten.
| Kurz ruhen lassen, erneut wärmen und anrichten.

Speckknödel

¼ l	*Milch*
250 g	*altbackene Brötchen*
1	*Ei*
1	*Eigelb*
100 g	*Speck*
2	*Schalotten*
1 EL	*Butter*
	Salz
	weißer Pfeffer aus der Mühle
	Muskat
1 EL	*Petersilie*
2 EL	*Sonnenblumenöl*
evtl. etwas	*Semmelbrösel*

| Die Milch warm werden lassen. Die Brötchen in feine Scheiben
  schneiden und in der Milch einweichen. Ei und Eigelb zugeben und
  etwa ½ Stunde ruhen lassen.
| Speck in feine Würfel schneiden. Schalotten schälen, fein würfeln
  und kurz in heißer Butter anbraten.
| Die Semmelmasse mit Salz, Pfeffer und Muskat abschmecken.
  Petersilie, Schalotten, Speck und das Öl untermengen.
  Sollte der Teig zu feucht sein, etwas Semmelbrösel zugeben.
| Knödel abdrehen und in leicht siedendem Salzwasser
  15 Minuten garen.

Als Beilage kann man blanchierte Karotten, Lauchzwiebeln, Broccoli oder kleine halbierte Steinpilze in Butter schwenken und ein bisschen Rotweinsauce (Rezept S. 22) dazugeben.

Für 6 Personen

Gamskeule

mit Aprikosen-Zwetschgen-Chutney

1	Gamskeule
	Salz
	weißer Pfeffer aus der Mühle
2 EL	Sonnenblumenöl
18	Zwetschgen
12	Aprikosen
100 g	Zucker
40 ml	Apfelessig
¼ l	Weißwein
1 EL	Senfpulver (Gewürzhändler)
1 EL	Speisestärke

I Die Gamskeule mit Salz und Pfeffer würzen und von beiden Seiten in Sonnenblumenöl gut anbraten.

Im Ofen bei 180 °C etwa 40 Minuten garen. Herausnehmen, in Alufolie einpacken und 10 Minuten ruhen lassen.

I Vor dem Servieren das Fleisch nochmals 5 Minuten im heißen Ofen erwärmen.

I Früchte waschen, halbieren und entkernen. Zucker in einer Pfanne erhitzen, bis er flüssig wird.

Mit Essig und Weißwein ablöschen. Senfpulver und Früchte zugeben, einmal gut durchkochen und mit Speisestärke binden.

Servieren Sie dazu Band- oder Schupfnudeln (Rezept S. 84).

Tipp: Alternativ kann auch eine Rehkeule verwendet werden.

Reh

Rehrahmsuppe mit Linsen und Spätzle

Rehmousse mit Rehrücken

Rehmedaillons mit Wildkräutersalat,
glacierten Kirschen und Brezelknödel

Leber-Nierle-Spieß in Bärlauch-Senf

Leber, Nierle und Herz vom Reh
in Waldpilzrahm

Gartenkräuterrisotto mit Rehleber

Rehkoteletts in Pfifferlingrahm
mit feinen Nudeln

Geschmorte Rehhaxe

Wildfondue Chinoise

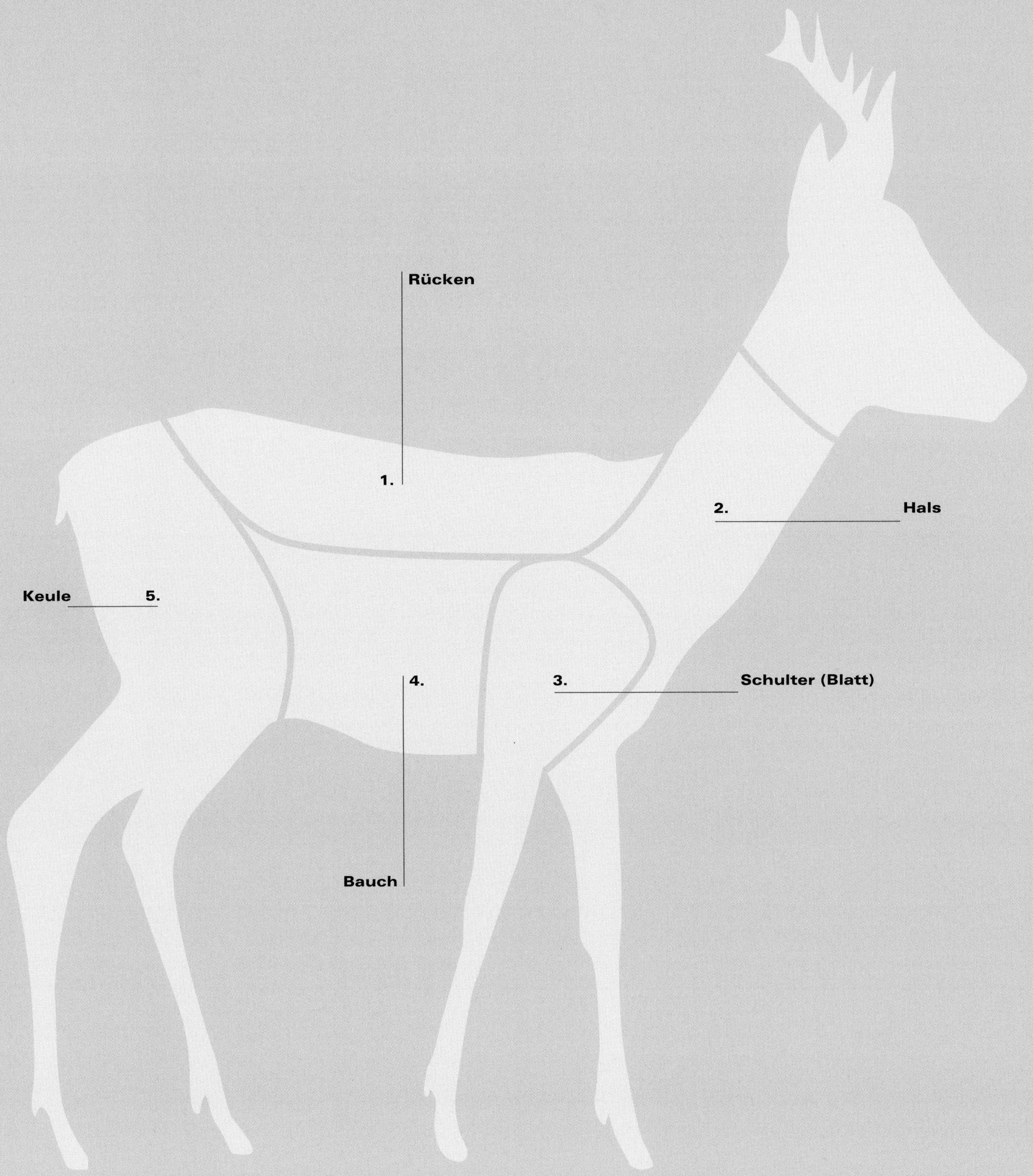

Rücken

1.

2. _____ Hals

Keule _____ 5.

4.

3. _____ Schulter (Blatt)

Bauch

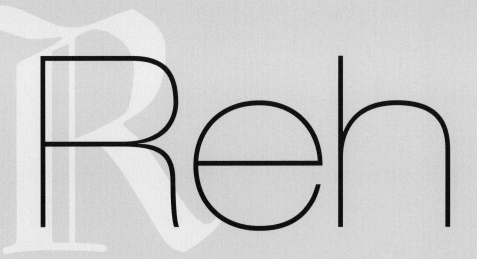

Reh

Rehwild ist der kleinste Vertreter aus der Familie der Hirsche und kommt in ganz West-, Mittel- und Südeuropa vor. Als Lebensraum suchen sich Rehe vor allem Mischwälder mit reicher Strauchflora, abwechselnd mit Feldern und Wiesen, aus.

Rehe sind bei ihrer Nahrung sehr wählerisch. Sie äsen Kräuter, Samen und Blüten. Im Herbst und Winter Bucheckern und Eicheln.

Rehwild ist wegen seinem saftigen und besonders aromatischen Fleisch sehr beliebt.

Für 4 Personen

Rehrahmsuppe
mit Linsen und Spätzle

120 g	Linsen
500 g	Rehfleisch von Schulter oder Hals, ohne Knochen
75 g	geräucherter Bauchspeck
1 große	Zwiebel
1 kleine	Stange Lauch
1	Kartoffel (ca. 100 g)
1 kleine	Karotte (ca. 50 g)
2 EL	Sonnenblumenöl
1,25 l	Wildbrühe (Rezept S. 14)
	Salz
	weißer Pfeffer aus der Mühle
150 ml	Sahne
2 EL	gehackte Petersilie
1 EL	Apfelessig (oder ein anderer Obstessig)

ǀ Die Linsen über Nacht in kaltem Wasser einweichen.

ǀ Rehfleisch durch die grobe Scheibe des Fleischwolfs drehen. Vom Bauchspeck die Schwarte abschneiden und den Speck in kleine Würfel schneiden.

ǀ Zwiebel schälen und fein würfeln. Lauch putzen, waschen und ebenfalls in kleine Würfel schneiden. Kartoffel putzen, waschen, schälen und in kleine Würfel schneiden. Karotten putzen, schälen und in dünnen Scheiben schneiden.

ǀ Fleisch und Speckwürfel in einen Topf geben und in Sonnenblumen-öl scharf anbraten. Kartoffeln, Karotten, Zwiebel und Lauch zugeben und glasig dünsten. Mit 250 ml Wildbrühe ablöschen, die abgetropften Linsen zugeben und etwa 25 Minuten kochen lassen.

ǀ Mit der restlichen Wildbrühe auffüllen und mit Salz und Pfeffer würzen. Sahne und Petersilie zugeben, noch einmal aufkochen lassen und mit Essig abschmecken.

Spätzle

125 g	Spätzle-Mehl (Type 405)
30 ml	Milch
2	Eier
	Salz
	weißer Pfeffer aus der Mühle
	Muskat
75 g	Butter
75 g	Semmelbrösel

ǀ Mehl, Milch, Eier, Salz, Pfeffer und Muskat vermischen und so lange mit dem Kochlöffel schlagen, bis der Teig Blasen wirft.

ǀ Mit einem Spätzle-Brett in kochendes Salzwasser schaben und etwa 5 Minuten kochen (die Spätzle sind gar, wenn sie an die Wasseroberfläche steigen).

ǀ Die Spätzle in heißer Butter mit Semmelbröseln schwenken und zur Suppe geben.

Tipp: Besonders gut eignen sich die kleinen grünen Puy-Linsen.

Rehmousse

mit Rehrücken

1 etwa 20 cm	*ausgelöster Rehrückenstrang*
1 EL	*Sonnenblumenöl*
150 ml	*Wildsauce (Rezept S. 20)*
	Salz
	weißer Pfeffer aus der Mühle
15 Blatt	*Gelatine*
100 g	*geschlagene Sahne*
75 g	*Pfifferlinge*
225 ml	*Wildconsommé (Rezept S. 14-17)*
3 EL	*gehackte Kräuter (Petersilie, Schnittlauch und Kerbel)*

| Backofen auf 200 °C vorheizen.

| Den Rehrückenstrang in einer Pfanne von beiden Seiten gut anbraten und im Ofen
bei 200 °C 10 Minuten rosa braten (Kerntemperatur 60 °C). Auf einem Gitter kalt werden lassen.

| Eine Terrinenform mit Klarsichtfolie ausschlagen.

| Den lauwarmen Wildfond mit Salz und Pfeffer gut abschmecken, 6 Blatt Gelatine, die zuvor in kaltem
Wasser eingeweicht wurden, zugeben und in einer Schüssel auf Eis kalt rühren.
Wenn der Fond fest zu werden beginnt, die geschlagene Sahne unterheben und eventuell mit Salz und
Pfeffer nachwürzen. Zwei Drittel davon auf den Terrinenboden streichen (etwa 2 cm hoch) und kalt stellen.

| Pfifferlinge putzen, in 1 EL Butter braten, mit Salz und Pfeffer würzen und beiseite stellen.

| Die lauwarme Wildconsommé mit Salz und Pfeffer kräftig abschmecken und mit 9 Blatt
in Wasser eingeweichter Gelatine, den Pfifferlingen und den Kräutern ebenfalls kalt rühren.
Sobald sie zu gelieren beginnt, die Hälfte in die Terrinenform füllen, das Rehrückenfilet in die Mitte
legen und mit dem Rest der Consommé bedecken. Wiederum kurz kalt stellen.

| Das restliche Drittel des gelierten Wildfonds nochmals gut durchrühren und die Terrine damit bedecken.

| Die Rehmousse mindestens 12 Stunden im Kühlschrank durchkühlen lassen.
Vorsichtig stürzen und nur mit dem Elektromesser aufschneiden.

Rehmedaillons

mit Wildkräutersalat, glacierten Kirschen und Brezelknödel

Rehmedaillons

8	*Rehmedaillons aus dem Rücken*
	(à ca. 60 g)
	Salz
	weißer Pfeffer aus der Mühle
2 EL	*Sonnenblumenöl*

| Die Rehmedaillons mit Salz und Pfeffer würzen. In Sonnenblumenöl von beiden Seiten je 3 Minuten braten.

Wildkräutersalat

150 g	*Wildkräuter (z.B. Sauerampfer, Löwen-*
	zahn, Wiesenkerbel, Minze, Melisse)
4 EL	*Olivenöl*
2 EL	*Balsamessig*
	Salz
	weißer Pfeffer aus der Mühle

| Wildkräuter putzen, waschen und trocken tupfen. Mit Olivenöl und Balsamessig marinieren und mit Salz und Pfeffer würzen.

Glacierte Kirschen

100 g	*Kirschen*
2 EL	*Zucker*
50 ml	*Balsamessig*
100 ml	*Rotwein*

| Den Zucker erhitzen, bis er flüssig ist. Mit Rotwein und Balsamessig ablöschen. Den Fond etwas einkochen lassen, die Kirschen zugeben und darin glacieren.

Brezelknödel

150 ml	*Milch*
100 g	*Laugenbrezeln vom Vortag*
2	*Eigelbe*
1 EL	*Öl*
2 EL	*Butter*
2 EL	*gehackte Petersilie*
1	*Eiweiß*
	Salz
	weißer Pfeffer aus der Mühle

| Die Milch erwärmen. Die Brezeln in kleine Würfel schneiden und mit der Milch übergießen. Eine halbe Stunde ruhen lassen.

| Eigelbe, Öl, 1 EL zerlassene Butter und Petersilie unterrühren, zum Schluss das geschlagene Eiweiß vorsichtig unterheben. Mit Salz und Pfeffer würzen.

| Die Masse in Klarsichtfolie einrollen (Durchmesser 6-7 cm) und mit Alufolie fixieren. Die Enden gut zudrehen und in leicht kochendem Wasser 25 Minuten garen. Herausnehmen und kalt stellen.

| Die Teigrolle in 1,5 cm dicke Scheiben schneiden und in der restlichen Butter braten.

Leber-Nierle-Spieß
in Bärlauch-Senf

Leber-Nierle-Spieß

1	Schalotte
4	Champignons
2	Rehnieren
1	Rehleber
1 EL	Sonnenblumenöl
	Salz
	Szechuanpfeffer

Bärlauch-Senf

125 g	brauner Zucker
200 ml	Weißwein
300 ml	Weißweinessig
2 TL	gemahlener Ingwer
1 TL	Salz
250 g	gelbes Senfmehl (Gewürzhändler)
50 g	schwarzes Senfmehl (Gewürzhändler)
4 Bund	Bärlauch (ca. 80-100 g)

Die Schalotte schälen und vierteln. Champignons putzen und halbieren. Nieren und Leber in Walnussgröße schneiden. Alle Zutaten nacheinander aufspießen.

In einer Pfanne die Spieße in Sonnenblumenöl gut anbraten und im Ofen bei 180 °C in 5 Minuten fertig garen.

Mit Salz und Pfeffer würzen.

Den Zucker in einer Pfanne erhitzen und karamellisieren lassen. Mit dem Weißwein ablöschen und mit Essig auffüllen.

Die Gewürze zugeben und sofort von der Herdplatte nehmen; das Senfmehl darf nicht kochen.

Den Bärlauch waschen, trocken tupfen, hacken und einrühren.

Im Kühlschrank hält sich der Bärlauch-Senf gut verschlossen mehrere Wochen.

Tipp: Ersetzen Sie den Bärlauch durch eine bunte Kräutermischung und Sie erhalten einen geschmackvollen Kräuter-Senf.

Leber, Nierle und Herz vom Reh
in Waldpilzrahm

2	*Schalotten*
300 g	*Waldpilze (nach Saison)*
3 EL	*Butter*
	Salz
	weißer Pfeffer aus der Mühle
1 EL	*Balsamessig*
0,2 l	*Wildsauce (Rezept S. 20)*
0,2 l	*Sahne*
2 EL	*Crème fraîche*
1	*Aufbruch vom Reh: 1 Leber, 1 Herz, 2 Nieren*
2 EL	*gehackte Kräuter (nach Saison)*

I Schalotten schälen und fein würfeln. Waldpilze putzen und in Scheiben schneiden.
  Schalotten in 1 EL Butter glasig dünsten, die Waldpilze dazugeben und kurz braten.
  Mit Salz und Pfeffer würzen. Mit Essig ablöschen, mit Wildfond, Sahne und
  Crème fraîche auffüllen und einmal gut aufkochen lassen.

I Den Aufbruch in feine Streifen schneiden und mit Pfeffer würzen. In einer großen Pfanne
  mit der restlichen Butter etwa 3 Minuten scharf anbraten, dabei mehrmals durchschwenken
  und erst zum Schluss salzen. Mit den gehackten Kräutern in die heiße Sauce geben.

Als Beilagen eignen sich Bauernbrot, frisch gekochte Nudeln oder Rösti (Rezept S. 114).

Tipp: Pro Person rechnet man etwa 180 g Aufbruch (Leber, Herz und Niere), im Verhältnis 70 % Leber, 20 % Herz und 10 % Nieren.

Gartenkräuterrisotto
mit Rehleber

Kräuterrisotto

1	Schalotte
70 g	Butter
200 g	Risottoreis
1/8 l	Weißwein
400 ml	Wildbrühe (Rezept S. 14)
	Salz
	weißer Pfeffer aus der Mühle
60 g	frisch geriebener Parmesan
60 g	Butter
100 g	frische Gartenkräuter (z.B. Estragon, Blattpetersilie, Basilikum)
1-2 EL	Bärlauchpesto (nach Geschmack)

I Die Schalotte schälen, fein würfeln und in 1 EL heißer Butter andünsten.

I Den Reis dazugeben und so lange mitdünsten, bis alle Körner von der Butter überzogen sind und glänzen. Mit Weißwein ablöschen und mit Brühe auffüllen. Den Reis leise köcheln lassen, dabei immer wieder soviel Brühe zufügen, dass die Oberfläche gerade eben bedeckt ist. Immer wieder umrühren, damit nichts am Topfboden ansetzt. Mit Salz und Pfeffer würzen.

I Die Reiskörner sollten weich sein, im Innern aber noch einen kleinen, festen Kern haben. Parmesan, die restliche Butter und die gehackten Kräuter unterrühren, falls nötig auch noch einen Schuss Brühe, und eventuell das Pesto zugeben.

Rehleber

1	Rehleber
	weißer Pfeffer aus der Mühle
1 EL	Butter
	Salz

I Die Rehleber in ½ cm dicke Scheiben schneiden, abwaschen, auf Küchenkrepp abtrocknen und mit Pfeffer würzen.

I In einer Pfanne mit schäumender Butter von beiden Seiten kurz anbraten und erst zum Schluss salzen.

Rehkoteletts in Pfifferlingrahm
mit feinen Nudeln

Rehkoteletts in Pfifferlingrahm

12	*Rehkoteletts (à 80 g)*
	Salz
	weißer Pfeffer aus der Mühle
2 EL	*Sonnenblumenöl*
1	*Schalotte*
1 EL	*Butter*
200 g	*Pfifferlinge*
¼ l	*Wildbrühe (Rezept S. 14)*
¼ l	*Sahne*
1 EL	*gehackte Petersilie*

Ι Die Rehkoteletts mit Salz und Pfeffer würzen, in Sonnenblumenöl
von beiden Seiten anbraten und im Ofen bei 200 °C etwa 8 Minuten
fertig garen.

Ι Für die Sauce die Schalotte schälen, in feine Würfel schneiden und
in Butter andünsten.

Ι Die Pfifferlinge putzen, dazugeben und mit Brühe und Sahne ablöschen. Etwas einkochen lassen und mit Petersilie, Salz
und Pfeffer würzen.

Nudelteig

100 g	*Hartweizengrieß*
5	*Eier*
3	*Eigelbe*
	Salz
1 EL	*Olivenöl*
400 g	*Mehl (Type 405)*

Ι Grieß und Eier mit Salz und Öl gut verrühren und 2 Stunden
quellen lassen. Das Mehl einarbeiten und den Teig zugedeckt
½ Stunde ruhen lassen.

Ι Mit der Nudelmaschine oder dem Rollholz ausrollen und in feine
Streifen schneiden. Die Nudeln leicht antrocknen lassen und in
sprudelndem Salzwasser 4-5 Minuten kochen.

Geschmorte Rehhaxe

Für dieses Rezept muss man einige Rehhaxen sammeln. Die Haxe wird aus der Keule ausgelöst und kann problemlos eingefroren werden. Es lohnt sich, denn die Haxen gehören zu den saftigsten Fleischteilen.

350 g	Zwiebeln
6-8	Rehhaxen (je nach Größe)
	Salz
	weißer Pfeffer aus der Mühle
2 EL	Sonnenblumenöl
2	Lorbeerblätter
4	Nelken
10	Wacholderbeeren
2 Zweige	Petersilie
2 l	Wildbrühe (Rezept S. 14)

| Backofen auf 200 °C vorheizen.

| Zwiebeln schälen und in Würfel schneiden.

| Die Rehhaxen mit kaltem Wasser abwaschen und mit Küchenkrepp trocken tupfen.
Die Rehhaxen mit Salz und Pfeffer würzen, im heißen Öl anbraten, dabei mehrmals
wenden und ins vorgeheizte Rohr schieben.
Wenn das Fleisch eine schöne braune Farbe hat, die Zwiebelwürfel und die
Gewürze zugeben und mit der Brühe auffüllen.

| Das Fleisch 2 Stunden langsam bei reduzierter Temperatur von 160 °C schmoren.
Herausnehmen und warm stellen.

| Den Fond mit Salz und Pfeffer würzen und über die Haxen geben.

Beilage: Brot

Wildfondue Chinoise

Als kalte Beilagen empfehlen sich Cornichons, Senfgurken, eingelegter Kürbis, sauer eingelegte Pilze, als Saucen, verschiedene Mayonnaisen oder Dips – der Phantasie sind kaum Grenzen gesetzt. Ein paar Beispiele:

200-250 g	Reh-, Hirsch- oder Damhirschfleisch aus der Keule (pro Person), in 4 mm dünne Scheiben schneiden
etwa 2 l	Wildbrühe, (Rezept S.14)

Mayonnaise Grundrezept

2	Eigelb
1 TL	Senf
1 Spritzer	Zitronensaft
1/4 l	Olivenöl
	Salz und Pfeffer

| Eigelb, Senf und Zitronensaft glatt rühren und das zimmerwarme Olivenöl langsam einrühren.
| Mit Salz und Pfeffer aus der Mühle pikant abschmecken.

Ableitungen

Kräutersauce

200 g	Mayonnaise, siehe oben
80 g	Essiggurken
20 g	Schalotten
2 TL	Kapern
2 EL	gehackte Petersilie, Schnittlauch, Kerbel
1 EL	Sauerrahm

| Alle Zutaten fein hacken und unter die Mayonnaise geben. Sollte die Sauce zu dick werden, etwas Essiggurkensud unterrühren.

Knoblauchsauce

150 g	Mayonnaise, siehe oben
100 g	Sauerrahm
1	gehackte Knoblauchzehe
	Salz und Pfeffer

| Zutaten verrühren.

Currysauce

100 g	Mayonnaise, siehe oben
100 g	Mangochutney
1 TL	Currypulver
30 g	Mangowürfel
50 g	Apfelwürfel
20 g	Rosinen
	Salz und Pfeffer, Limonensaft

| Zutaten verrühren.

Cocktailsauce

200 g	Mayonnaise, siehe oben
1 EL	Ketchup
1 TL	geriebener Meerettich
1 TL	Cognac
2 EL	geschlagene Sahne
	Salz und Pfeffer

| Zutaten verrühren.

Dips

Apfelmeerettich

300 g	Äpfel
2 EL	Zitronensaft
30 g	Meerettich
10 g	Zucker
	Salz und Pfeffer

| Äpfel schälen, Kerngehäuse entfernen und auf Röstireibe klein reiben.
| Sofort mit dem Zitronensaft beträufeln, mit dem Meerettich vermengen, abschmecken und eventuell noch etwas Meerettich zugeben. Kann mit geschlagener Sahne verfeinert werden.

Gorgonzolacreme

150 g	Gorgonzolakäse
100 g	Schmand
1	geschälte Birne (in kleine Würfel)

| Zutaten verrühren.

Hirsch

Hirschschinken mit Bergkäsekrapfen

Hefeteig-Buchteln mit Hirschschinken

Hirschleberknödelsuppe

Carpaccio vom Hirschkalb

Eingemachtes Hirschkalb

Hirschnüssle aus der Keule in der Briochekruste
mit Karotten

Hirschkalbschnitzel mit Pfifferling-Kartoffelstampf

Rücken

1.

Hals _____ 5.

2. _____ Keule

4.

Schulter (Blatt)

3.

Bauch

Hirsch

Die männlichen Hirsche sind wesentlich schwerer als die weiblichen Tiere. Bevorzugt wird das Fleisch junger Kälber. Hirschfleisch hat eine braunrote Färbung. Das Fleisch von Jungtieren ist feinfaseriger und heller.

Rotwild ist ursprünglich ein Steppenbewohner und nicht so wählerisch wie das Rehwild bei der Nahrungsaufnahme.

Früher war sein Wildbret nur dem Hochadel vorbehalten, Wilderer wurden oft mit dem Tod bestraft.

Hirschschinken
mit Bergkäsekrapfen

250 ml	Milch
50 g	Butter
1 EL	Zucker
1 Prise	Salz
150 g	Mehl
4	Eier
100 g	geriebener Bergkäse
2 l	Fett
300 g	dünn aufgeschnittener Hirschschinken

I Die Milch mit Butter, Zucker und Salz aufkochen.

I Das Mehl auf einmal in die Milch schütten und bei großer Hitze
unter ständigem Rühren den Teig „abbrennen", bis er sich vom Topfboden löst.

I Vom Herd nehmen und abkühlen lassen.

I In den lauwarmen Teig nach und nach die ganzen Eier einrühren und zum Schluss
den geriebenen Bergkäse unterheben.

I Mit einem Kaffeelöffel kleine Krapfen ausstechen und in der Friteuse in heißem Fett ausbacken.

I Mit dem Hirschschinken servieren.

Tipp: Die Bergkäsekrapfen eignen sich als Beilage hervorragend zum Hirschcarpaccio (Rezept S. 154).

Hefeteig-Buchteln
mit Hirschschinken

35 g	Hefe
¼ l	Milch
350 g	Butter
600 g	Mehl
3	Eier
100 g	Zucker
1 TL	Salz
125 g	gewürfelter Hirschschinken

| Hefe in der lauwarmen Milch auflösen.

| Aus 250 g weicher Butter, Mehl, Milch mit Hefe, Eiern, Zucker und Salz einen
geschmeidigen Teig herstellen und an einem warmen Ort 1 Stunde gehen lassen.

| Zusammenkneten und die Schinkenwürfel einkneten.
Aus dem Teig Kugeln von rund 3 cm Durchmesser formen.

| Die Kugeln nebeneinander in eine mit Butter ausgestrichene Backform legen,
dass sie sich leicht berühren.

| Die Zwischenräume und Ränder mit Flocken aus der restlichen Butter bestreuen.

| Nochmals eine halbe Stunde zugedeckt gehen lassen und etwa 25 Minuten
bei 180 °C auf mittlerer Schiene backen.

| Die Buchteln sind fertig, wenn sie oben leicht gebräunt sind.

Hirschleberknödelsuppe

125 ml	Milch
2	altbackene Brötchen
300 g	Hirschleber
1	Ei
300 g	Wildhackfleisch
	Salz
	weißer Pfeffer aus der Mühle
	Muskat
½ Bund	Lauchzwiebeln
½ Bund	Schnittlauch
1 EL	Butter
800 ml	Wildconsommé (Rezept S. 14-17)

Ι Milch erhitzen, Brötchen in kleine Würfel schneiden, mit der lauwarmen Milch begießen und ½ Stunde stehen lassen.

Ι Hirschleber durch den Fleischwolf drehen.

Ι Ei, Wildhackfleisch und Leber zu den eingeweichten Brötchen geben und zu einem geschmeidigen Teig verarbeiten.

Ι Mit Salz, Pfeffer und Muskat abschmecken.

Ι Zu Knödeln formen und in Salzwasser etwa 25 Minuten leicht köchelnd garen.

  Lauchzwiebeln putzen und in Ringe schneiden. Schnittlauch waschen und in Röllchen schneiden.

Ι Butter in einer Pfanne zerlassen und Zwiebeln und Schnittlauch darin anbraten.

Ι Das Gemüse mit den Leberknödeln in die heiße Wildconsommé geben.

Carpaccio

vom Hirschkalb

400 g	Hirschkalb (Oberschale aus der Keule)
	Salz
	weißer Pfeffer aus der Mühle
4 EL	Walnussöl
1 EL	Balsamessig
2 TL	Bärlauchpesto oder Petersilienpesto (Rezept S. 90)
100 g	gehobelter Parmesankäse
	Wildkräuter nach Saison

I Das Hirschfleisch in Klarsichtfolie einschlagen und im Tiefkühlfach etwa 6 Stunden gefrieren.

I Mit der Aufschnittmaschine in sehr dünne Scheiben schneiden.

I Die Teller mit Salz und Pfeffer bestreuen und die Scheiben darauf verteilen,
  erneut mit Salz und Pfeffer würzen und mit Öl und Essig marinieren.

I Mit Pesto, Parmesan und Wildkräutern garnieren.

Carpaccio muss aus frischem Fleisch hergestellt werden.

Vakuumiertes oder gefrorenes Fleisch darf nicht verwendet werden.

Eingemachtes Hirschkalb

1 kg	Hirschkalbfleisch aus der Schulter oder vom Hals (ohne Knochen)
1 Bund	Suppengrün

| Das Hirschkalbfleisch in 3 x 3 cm große Würfel schneiden, zusammen mit dem Suppengrün in 2 l kochendem Wasser aufsetzen und bei kleiner Hitze gar kochen (etwa 65 Minuten).

| Das Fleisch herausnehmen und den Sud passieren.

Sauce

70 g	Butter
50 g	Mehl
1 l	Kochfond
	Salz
	weißer Pfeffer aus der Mühle
0,1 l	Weißwein
	Abrieb von 1 Zitrone
1 MS	gemahlener Kümmel
50 g	geschlagene Sahne
1 EL	Crème fraîche

| Die Butter in einem Topf zerlaufen lassen, das Mehl dazugeben und bei mittlerer Hitze gut verrühren. Mit dem Fond auffüllen und 25 Minuten gut durchkochen lassen.

| Mit Salz und Pfeffer, Weißwein, Zitronenschale und Kümmel abschmecken.

| Das Fleisch zugeben, einmal kurz aufkochen und mit Schlagsahne und Crème fraîche verfeinern.

Tipp: Das Hirschkalbfleisch kann auch ohne Sahne eingemacht werden. So hält es sich im Kühlschrank eine Woche. Die Sahne wird dann beim Erwärmen zugegeben.

Hirschnüssle aus der Keule

in der Briochekruste mit Karotten

800-900 g	Hirschnuss (1 große oder 2 kleine)
	Salz
	weißer Pfeffer aus der Mühle
1 EL	Sonnenblumenöl
100 g	Briochebrösel (süßes Hefegebäck)
2 EL	gehackte Kräuter (z.B. Petersilie, Kerbel, Schnittlauch)
1 EL	Honig
4 EL	zerlassene Butter
4	Karotten (ca. 350 g)
1	Schalotte
2 EL	Butter
150 ml	Mineralwasser
1 EL	gehackte Blattpetersilie

Die Hirschnuss mit Salz und Pfeffer würzen. In heißem Öl von beiden Seiten anbraten und danach im Backofen bei 180 °C etwa 25 Minuten fertig garen; die Kerntemperatur sollte etwa 55 °C betragen. Herausnehmen und 5 Minuten ruhen lassen.

Die Briochebrösel mit Kräutern, Honig und zerlassener Butter mischen und etwa 15 Minuten durchziehen lassen. Die Hirschnuss mit der Brösel-Mischung bestreuen und im Backofen bei großer Oberhitze auf der obersten Schiene etwa 10 Minuten gratinieren.

Karotten putzen, schälen und in feine Scheiben schneiden. Schalotte schälen und in feine Würfel schneiden.

Beides in Butter anschwitzen, Mineralwasser zugeben und etwa 10 Minuten weich dünsten.

Zum Schluss Petersilie zugeben und mit Salz und Pfeffer abschmecken.

Tipp: Anstelle der Briochebrösel können auch Semmelbrösel verwendet werden.

Hirschkalbschnitzel
mit Pfifferling-Kartoffelstampf

Hirschkalbschnitzel

650 g	*Hirschkalbschnitzel (aus der Ober- oder Unterschale der Keule)*
	Salz
	weißer Pfeffer aus der Mühle
2	*Eier*
2 EL	*Sahne*
50 g	*Mehl*
200 g	*Semmelbrösel*
50 g	*Butterschmalz*
3 EL	*Sonnenblumenöl*

Pfifferling-Kartoffelstampf

4	*Kartoffeln*
	Salz
1	*Schalotte*
1 EL	*Butter*
300 g	*Pfifferlinge*
4 EL	*Olivenöl*
2 TL	*Butter*
2 EL	*gehackte Blattpetersilie*
	weißer Pfeffer aus der Mühle

Die Hirschkalbschnitzel flach klopfen und von beiden Seiten mit Salz und Pfeffer würzen.

Eier und Sahne verquirlen.

Die Schnitzel zuerst in Mehl, dann in den verquirlten Eiern und anschließend in Semmelbröseln wenden.

Butterschmalz und Sonnenblumenöl in einer Pfanne heiß werden lassen.

Die Schnitzel bei mäßiger Temperatur von beiden Seiten 2-3 Minuten goldgelb braten.

Kartoffeln schälen und in Salzwasser etwa 20 Minuten garen. Anschließend mit einer Gabel leicht zerdrücken.

Die Schalotte schälen, würfeln und in Butter glasig dünsten. Die Pfifferlinge zugeben und anbraten lassen.

Schalotte und Pfifferlinge mit den Kartoffeln, Öl, Butter und Petersilie vermischen.

Mit Salz und Pfeffer abschmecken.

Wild-schwein

Herbstliche Überraschung mit Steinpilzen,
Wildschweinschinken und Eigelb

Glacierte Esskastanien mit Wildschweinschinken
und Safranrisotto

Wildschweinschmalz mit Äpfeln und Zwiebeln

Leberpâté mit Mix-Pickles

Wildhackbraten „Falscher Hase"

Wildbratwürste

Wildschweinkarree mit Waldpilzstrudel

Gepökelte Wildschweinhaxe

Gebackenes Wildschweinhirn

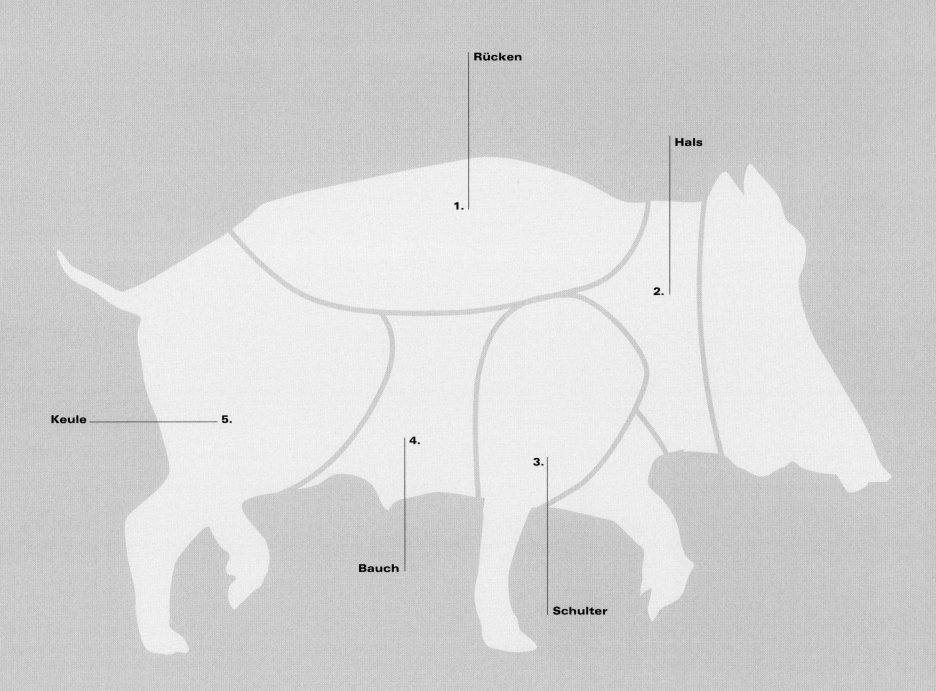

Rücken

Hals

1.

2.

Keule —————— 5.

4.

3.

Bauch

Schulter

Wild-schwein

Wildschwein, auch Schwarzwild genannt, ist in Mitteleuropa weit verbreitet.

Sehr anpassungsfähig lebt es sowohl auf landwirtschaftlich genutzten Flächen und in Waldgebieten als auch in Stadtnähe.

Das Wildschwein ist ein Allesfresser und sucht im Wald und auf Wiesen nach Wurzeln, Kräutern, Engerlingen, Mäusen, aber auch Feldfrüchten wie Mais, Hafer und Kartoffeln. Wildschweine unterliegen der Trichinenschau.

Herbstliche Überraschung
mit Steinpilzen, Wildschweinschinken und Eigelb

Béchamel

20 g	Butter
20 g	Mehl
¼ l	Milch
	Salz
	weißer Pfeffer aus der Mühle
	Muskat

1 kg	Blattspinat
	Salz
4	Eigelbe
320 g	Steinpilze
4 EL	Butter
200 g	Schalottenwürfel
	weißer Pfeffer aus der Mühle
8-12 Scheiben	Wildschweinschinken

l Die Butter schmelzen. Das Mehl zugeben und gut verrühren.
  Mit Milch aufgießen und aufkochen lassen.

l Mit Salz, Pfeffer und Muskat würzen.

l Blattspinat verlesen, kurz in kochendes Salzwasser geben und
  abtropfen lassen.

l Mit der Béchamelsauce vermischen.

l Den Spinat auf vier tiefe Teller verteilen, eine Mulde formen und je
  ein rohes Eigelb vorsichtig hinein geben, so dass es nicht ausläuft.

l Die Steinpilze putzen und in Scheiben schneiden. In 2 EL Butter
  braten, Schalotten dazugeben, mit Salz und Pfeffer würzen und auf
  dem Spinat verteilen.

l Mit den in der restlichen Butter angebratenen Schinkenscheiben
  garnieren.

Glacierte Esskastanien

mit Wildschweinschinken und Safranrisotto

Glacierte Esskastanien

2 EL	*Zucker*
0,1 l	*Apfelsaft*
40	*Esskastanien, ohne Schale gekocht*
	(fertig gekauft)
16 Scheiben	*Wildschweinschinken*
2 EL	*Butter*

Zucker in einem Topf karamellisieren lassen, mit dem Apfelsaft ablöschen und so lange köcheln lassen, bis sich der Karamell aufgelöst hat. Die Kastanien zugeben und eventuell noch etwas Apfelsaft zugießen.

Wildschweinschinken in einer Pfanne mit Butter bei milder Hitze kross braten und dazu servieren.

Safranrisotto

1	*Schalotte*
70 g	*Butter*
200 g	*Risottoreis*
1/8 l	*Weißwein*
15	*Safranfäden*
0,4 l	*Wildbrühe (Rezept S. 14)*
	Salz
	weißer Pfeffer aus der Mühle
60 g	*frisch geriebener Parmesan*

Schalotte schälen und fein würfeln. In 1 EL heißer Butter dünsten.

Den Reis dazugeben und so lange mitdünsten, bis alle Körner von Butter überzogen glänzen. Mit Wein ablöschen, Safranfäden zugeben und mit Brühe auffüllen.

Den Reis leise köcheln lassen, dabei immer wieder soviel Brühe zufügen, dass die Oberfläche gerade eben bedeckt ist. Häufig umrühren, damit nichts am Topfboden ansetzt.

Mit Salz und Pfeffer würzen.

Die Reiskörner sollten weich sein, aber im Innern noch einen kleinen, festen Kern haben.

Parmesan und restliche Butter unterrühren und falls nötig auch noch einen Schuss Brühe zugeben.

Wildschweinschmalz

mit Äpfeln und Zwiebeln

2 kg	*Wildschweinfett*
5	*Zwiebeln*
10	*Äpfel*
10 Zweige	*Thymian*
2 Zweige	*Rosmarin*
	Salz
	weißer Pfeffer aus der Mühle

Für das Schmalz benötigt man das Fett eines Wildschweins.
Einige Fleischreste machen das Schmalz etwas dunkler, aber eher besser im Geschmack.

Das Fett durch die mittlere Scheibe des Fleischwolfs drehen und in einem Topf
mit 400 ml Wasser aufsetzen. Zum Kochen bringen, sodass das Wasser verdunstet
und dann mindestens 1½ Stunden langsam köcheln und nicht zu heiß werden lassen.

Zwiebeln und Äpfel schälen, würfeln und in das Schmalz geben.

Das Schmalz ist fertig, wenn die Apfel- und Zwiebelstücke schön gebräunt sind.

In den letzten 10 Minuten die Thymian- und Rosmarinzweige mitkochen
lassen – das ergibt einen besonderen Geschmack.

Das fast abgekühlte, noch nicht ganz feste Schmalz mit Salz und Pfeffer abschmecken
und die Zweige entnehmen.

Sofort in Gläser oder einen Steinguttopf füllen.

Tipp: Wenn sehr viel Fett übrig bleibt, eignet es sich nach dem Passieren besonders gut zum Anbraten von
Schmorgerichten.

Leberpâté

mit Mix-Pickles

1/8 l	Madeira
1/8 l	Rotwein
200 g	Wildleber
125 g	Wildschweinfleisch
125 g	grüner Schweinespeck
	Salz
	weißer Pfeffer aus der Mühle
50 g	Quark
	Muskatnuss
1 TL	Majoran
1 EL	Butter
250 ml	Wildbrühe (Rezept S. 14)
4	Gelatine

Ι Madeira und Rotwein in einen Topf geben und etwa 5 Minuten einkochen.

Ι Leber, Fleisch und Speck in kleine Würfel schneiden, in der leicht
abgekühlten Madeira-Rotwein-Reduktion marinieren und im Gefrierfach anfrieren.
Durch die feine Scheibe (3 mm) des Fleischwolfes drehen. Salz, Pfeffer, Quark, Muskat und
Majoran zugeben, alles sehr gut vermengen und in eine ausgebutterte Terrinenform füllen.

Ι Im Wasserbad im vorgeheizten Backofen bei 120 °C etwa 45 Minuten pochieren.

Ι Garprobe mit einem Holzspieß oder Thermometer: Kerntemperatur 70 °C.

Ι Die Pâté zieht sich beim Garen etwas zusammen. Die Hohlräume in der Terrine mit gut
abgeschmeckter Wildbrühe, die mit Gelatine erhitzt wurde, ausgießen.

Beilage: Mix-Pickles

Wildhackbraten

„Falscher Hase"

2	altbackene Brötchen
200 ml	lauwarme Milch
1 kleine	Zwiebel
1 EL	Sonnenblumenöl
800 g	Wildhackfleisch (400 g Wildschweinhack und 400 g Reh- oder Hirschhack)
2	Eier
3 EL	gehackte Petersilie
	Salz
	weißer Pfeffer aus der Mühle
	Muskat
1	Schweinenetz

I Brötchen in Würfel schneiden und etwa 30 Minuten in Milch einweichen.

I Zwiebel schälen, in Würfel schneiden und in Öl anschwitzen.

I Wildhackfleisch, Brötchen, Zwiebel, Eier und Petersilie zugeben und kräftig mit Salz,
Pfeffer und Muskat abschmecken, zu einem geschmeidigen Teig verarbeiten.

I Aus der Masse einen Stollen formen und in das Schweinenetz einschlagen.
In Sonnenblumenöl von beiden Seiten anbraten und in einer Kasserolle
im Backofen etwa 45 Minuten garen.

I Die Garprobe mit einem Holzspieß vornehmen.

I Bleibt nichts am Holzspieß hängen ist der Braten durch.

Beilage: gekochte Petersilien-Kartoffeln und frisch geschwenkte Waldpilze

Tipp: Sie können den Hackbraten auch ohne Schweinenetz zubereiten. Die Hack-Masse wird dann nicht angebraten,
sondern kommt roh in eine Kastenform.

Wildbratwürste

400 g	Wildschweinschulterfleisch (oder Reh oder Hirsch)
400 g	fetter Wildschweinbauch
200 g	grüner Speck vom Schwein
20 g	Salz
2 g	weißer Pfeffer aus der Mühle
	Muskatnuss
5 EL	Sonnenblumenöl

| Fleisch und Speck in kleine Würfel schneiden, leicht anfrieren und durch die
  feine Scheibe (3 mm) des Fleischwolfs drehen.
| Die Gewürze zugeben, alles sehr gut vermengen und mit der Wurstfüllmaschine
  in Saitlinge (Schafdarm) füllen.
| 4 Minuten in leicht köchelndem Wasser brühen und in einer Pfanne mit Öl ausbraten.

Servieren Sie dazu den Gerstengraupen-Eintopf (Rezept S. 52).

Wildschweinkarree
mit Waldpilzstrudel

Wildschweinkarree

1 kg	Wildschweinkarree
3 EL	Sonnenblumenöl
	Salz
	weißer Pfeffer aus der Mühle
¼ l	Rotweinsauce (Rezept S. 22)

Backofen auf 180 °C vorheizen.

Die sichtbaren Rippenknochen mit einem Messer sauber putzen.

Das Wildschweinkarree mit Salz und Pfeffer würzen, in einer Pfanne gut anbraten und im Ofen in 15-18 Minuten fertig garen. (Die Garzeit hängt von der Größe und dem Gewicht des Karrees ab.)

Strudel und Karree mit der Rotweinsauce servieren.

Waldpilzstrudel

150 g	Mehl (und etwas Mehl für die Arbeitsfläche)
50 ml	Wasser
1	Ei
3 TL	Öl (und Öl zum Bestreichen)
	Salz
1	Schalotte
500 g	Waldpilze (nach Saison: Pfifferlinge, Maronen, Steinpilze, Wiesenchampignons, Morcheln)
100 g	Butter
2 EL	gehackte Kräuter (Schnittlauch, Petersilie und Kerbel)
	weißer Pfeffer aus der Mühle

Aus Mehl, Wasser, Ei, Öl und Salz einen geschmeidigen Strudelteig kneten und in Klarsichtfolie einschlagen. Bei Zimmertemperatur ½ Stunde ruhen lassen, danach den Teig ausziehen.

Die Schalotte schälen und hacken.

Die Pilze säubern und in feine Scheiben schneiden. In der heißen Butter zusammen mit der gehackten Schalotte schwenken. Die Kräuter zugeben und mit Salz und Pfeffer abschmecken.

Die Pilzmischung auf den ausgezogenen Strudelteig geben und zu einer Rolle von etwa 8 cm Durchmesser aufwickeln. Auf einem gefetteten Blech bei 200 °C im Ofen 20 Minuten backen.

Gepökelte Wildschweinhaxe

4	Wildschweinhaxen vom Überläufer (à ca. 350 g mit Knochen)
300 g	Pökelsalz
10	weiße Pfefferkörner
6	Lorbeerblätter
10	Wacholderbeeren
1	Zwiebel
1	Nelke

| Die Wildschweinhaxen in einem Sud aus 3 l Wasser, Pökelsalz, Pfeffer, 5 Lorbeerblättern
 und Wacholder 5 Tage an einem kühlen Ort (Kühlschrank, Keller) pökeln.

| Die Haxen kurz abwaschen.

| Die Zwiebel schälen und mit der Nelke und dem übrigen Lorbeerblatt spicken.

| Die Haxe mit der gespickten Zwiebel in ungesalzenem Wasser aufsetzen.

| ¼ Stunde köcheln lassen, dann die Hitze reduzieren und die Haxen
 je nach Größe etwa 1½ Stunden gar ziehen lassen.

| Es ist ganz wichtig, dass der Sud nicht weiterkocht, da das Fleisch sonst trocken würde.

Beilagen: Sauerkraut und Kartoffelpüree

Gebackenes Wildschweinhirn

1	abgezogenes Wildschweinhirn
	(vom Metzger in 2 Hälften teilen und dritteln lassen)
	Salz
	weißer Pfeffer aus der Mühle
etwas	Mehl
1	Ei
100 g	Semmelbrösel
3 EL	Sonnenblumenöl
50 g	Butter
2 EL	Butter
etwas	Zitronensaft

Die Hirnteile mit Salz und Pfeffer würzen.

Zuerst in Mehl, dann in verschlagenem Ei und anschließend in Semmelbröseln wenden.

In einer Pfanne 50 g Butter und 3 EL Sonnenblumenöl erhitzen.

Die panierten Stücke bei mäßiger Hitze von jeder Seite etwa 3 Minuten braten und im auf 180 °C vorgeheizten Backofen 5 Minuten fertig garen.

Das Fett abgießen und die Butter erneuern: 2 EL Butter aufschäumen lassen und mit ein paar Spritzern Zitronensaft, Salz und Pfeffer abschmecken.

Schmeckt auch mit Hirsch- oder Rehhirn.

Dazu & Danach

Eingemachte Früchte

Linzertorte

Eingemachte Senffrüchte

Eingemachte Früchte

Schwarzwälder Kirschen in Kirschwasser

Für 4 Gläser

1 kg	*Kirschen*
¼ l	*Wasser*
500 g	*Zucker*
½ l	*Kirschwasser*

| Die Kirschen waschen, entsteinen, mit dem Wasser und dem Zucker zum Kochen bringen und abkühlen lassen.

| In den kalten Sud das Kirschwasser einrühren. Die Kirschen in ein Glas füllen, gut verschließen und einige Wochen ziehen lassen.

Birnen mit Zimt und Nelken

Für 4 Gläser

2 kg	*Birnen*
1 ¼ l	*Wasser*
375 g	*Zucker*
2 Stangen	*Zimt*
8	*Gewürznelken*
1 TL	*Zitronensäure*

| Die Birnen waschen, schälen, halbieren, Kerngehäuse ausstechen und in Spalten schneiden. Auf 4 Gläser à 400 ml verteilen.

| Das Wasser mit dem Zucker, den Zimtstangen und Nelken kurz aufkochen lassen, die Zitronensäure einrühren und in die Gläser füllen.

| Die Gläser verschließen und im Wasserbad bei 95 °C etwa 35 Minuten sterilisieren.

Eingelegte Orangen

Für 4 Gläser

1,5 kg	*Orangen*
50 g	*Zucker*
250 ml	*Orangensaft*
4 cl	*Grand Marnier*
60 g	*Honig*
je 1 MS	*Anis und Nelkenpulver*
1	*Zimtstange*
10 g	*Vanillezucker*

| Die Orangen mit einem scharfen Messer schälen, so dass die weiße Haut mit entfernt wird.

| Die ganzen Orangen in Einmachgläser legen.

| Den Zucker in einem Topf karamellisieren lassen und mit dem Orangensaft und dem Grand Marnier ablöschen. Den Honig und die Gewürze zugeben und heiß in die Gläser auffüllen.

| Die Orangen werden nicht sterilisiert, sondern im Kühlschrank 5-7 Tage ziehen lassen.

| Die Orangen herausnehmen, in dünne Scheiben schneiden und mit Vanilleeis servieren.

Heidelbeeren in Rum

Für 800 g

500 g	*Heidelbeeren*
¼ l	*Captain Morgan Rum (73 %)*
250 g	*Zucker*

| Alle Zutaten in ein Einmachglas geben, 4-6 Wochen stehen lassen und gelegentlich schütteln.

Linzertorte

Torte

175 g	Butter
200 g	Zucker
200 g	gemahlene, geröstete Haselnüsse
300 g	Mehl
1	Ei
1 EL	Zimt
1 MS	Nelken
1 EL	Kakao
4 EL	Milch
3 EL	Kirschwasser
1 TL	Backpulver
2 EL	Öl
150 g	Waldhimbeermarmelade
1	Eigelb

Waldhimbeermarmelade

500 g	Waldhimbeeren
250 g	Gelierzucker (2:1)

Himbeeren und Zucker erhitzen.
Wenn die Marmelade Blasen wirft, genau 4 Minuten kochen lassen.

Butter, Zucker, Nüsse, Mehl, Ei, Gewürze, Kakao, 3 EL Milch, Kirschwasser, Backpulver und Öl zu einem geschmeidigen Teig verarbeiten und 1 Stunde kalt stellen.

Den Teig ausrollen, eine gebutterte Springform mit dem größeren Teil auslegen, einen Rand formen und die Marmelade auftragen.

Den restlichen Teig in Streifen schneiden und als Gitter auf die Marmelade legen.

Eigelb mit 1 EL Milch verrühren, das Gitter damit bestreichen und die Torte bei 175 °C etwa 40 Minuten backen.

Eingemachte Senffrüchte

400 g	Aprikosen
400 g	Pfirsiche
500 g	Äpfel
500 g	Birnen
300 g	Melone
1500 g	Zucker
250 ml	Wasser
250 ml	Weißweinessig
100 g	Senfpulver (Gewürzhändler)
1 TL	Ingwer
1 Stück	Sternanis

| Früchte waschen, schälen und in daumengroße Stücke schneiden.

| Zucker, Wasser und Essig aufkochen und jede Obstsorte darin getrennt ziehen lassen,
 bis sie glasig aussieht und weich ist. Herausnehmen und abtropfen lassen.

| Den Fond mit dem Senfpulver und den Gewürzen 10 Minuten einkochen lassen und heiß über die Früchte geben.

Die Senffrüchte eignen sich hervorragend als Beilage zur Leberpâté (Rezept S. 172).

Tipp: Sollen die Früchte noch pikanter werden, gibt man dem Sirup geriebenen Meerrettich oder Chili, Lorbeer und einige zerquetschte Pfefferkörner zu.

Glossar

Abhängen Das Reifen von frischem Wildfleisch für drei bis vier Tage bei +7 °C. Durch die Eiweißumwandlung wird das Fleisch mürbe und zart.

Abschwarten Abziehen der borstigen Haut beim Schwarzwild.

Anbraten Kurzes Anbraten in Fett bei starker Hitze, damit sich die Poren schließen und Bräunungs- sowie Röststoffe entstehen.

Ansatz Grundrezept zur weiteren Verarbeitung.

Aufbruch/aufbrechen Das Aufbrechen geschieht unmittelbar nach der Erlegung des Wildes durch Öffnen des Wildkörpers und Entnahme der Innereien wie Leber, Herz, Nieren und Zunge. Die Innereien stehen gemäß Jägerrecht dem Jäger zu und sind deshalb nur selten im Wildhandel erhältlich. Bei Bedarf fragen Sie Ihren örtlichen Jäger. Innereien sollten immer frisch verarbeitet werden.

Ausweiden Entfernen der Eingeweide (bei Flugwild) aus dem Wildkörper.

Béchamel Weiße Rahmsauce oder die Basis für Suppen, die mit heller Mehlschwitze gekocht werden.

Beize/Marinade Mischungen aus Essig, Wein und Gewürzen, wie Thymian, Lorbeerblätter, Pfeffer, Wacholderbeeren, Rosmarin, Nelken, sowie Gemüse, wie Zwiebeln, Schalotten, Sellerie und Petersilienwurzel. Beizen/Marinaden machen das Fleisch nicht nur zarter, sondern geben auch eine zusätzliche Geschmacksnote. Das Fleisch muss vollständig mit der Flüssigkeit bedeckt sein und sollte je nach Rezept 24-48 Stunden eingelegt werden.

Bitterschokolade Zutat in der Wildsauce. Bitterschokolade rundet den Geschmack ab. Nur Bitterschokolade mit mindestens 70 % Kakaogehalt verwenden.

Blatt Schulter

Brezelknödel Ist eine Knödelmasse, bei der das altbackene Brötchen durch eine Laugenbrezel ersetzt wird.

Buchteln Süßes oder salziges Hefegebäck.

Chilifäden In Streifen geschnittene und getrocknete Chilischoten mit milder, angenehmer Schärfe.

Confit Enten oder Gänsefleisch im eigenen Fett gegart.

Crêpinette Ursprünglich Hackfleisch, das im Schweinenetz zu kleinen Würstchen geformt wurde.

Eingemachtes Hirschkalb Ein mit Mehlschwitze und Kochfond hergestellter heller Sud, in dem das gekochte und in kleine Stücke geschnittene Fleisch konserviert wurde. Immer ohne Sahne gekocht und ein Gericht aus einer Zeit, als es noch keinen Kühlschrank gab.

Farce Füllung aus Fleischbrät mit Kräutern, Eigelb, Sahne und Gemüsewürfeln.

Feist Das im Wildkörper oder unter der Decke/Schwarte eingelagerte Fett. Findet seine Verwendung als Hirschtalg oder Wildschweinschmalz.

Frischling Jungtier vom Wildschwein.

Gallenblase Wird sofort nach dem Aufbrechen bzw. Ausweiden vom Jäger entfernt.

Gänseweißsauer Ostpreußisches Nationalgericht.

Graupen Getreideart Gerste.

Grüner Speck Ungeräucherter, frischer Bauchspeck vom Schwein.

Hautgout Strenger Wildgeruch bzw. -geschmack, der durch die Zersetzung des Fleischeiweißes bei zu langer bzw. zu warmer Lagerung entsteht. Es handelt sich nicht um den typischen Wildgeschmack, wie gerne behauptet wird, sondern um einen beginnenden Fäulnisprozess, der in der modernen Wildküche passé ist.

Jägerrecht Dem Erleger von Schalenwild stehen traditionell die Organe Herz, Leber, Zunge und Nieren des Tieres zu.

Kalbsbrät Rohe Wurstmasse vom Metzger.

Karkasse Gerippe von Wildgeflügel.

Milzschnitten Hackmasse aus Milz, Wildfleisch, Zwiebeln und Kräutern, die auf Toastbrot aufgestrichen im Ofen gegart wird. Die Milzschnitte ist eine traditionelle Suppeneinlage im Alpenraum.

Pâté In einer Terrinenform gegartes Wildhackfleisch. Zubereitung mit Fett, Gewürzen und Rotwein.

Parfait Aus Wildgeflügelleber, Butter, Süßwein und Gewürzen hergestellter Farce von einer cremigen Konsistenz. Im Wasserbad schonend gegart und kalt gegessen.

Pommery-Senf Französische Spezialität aus Meaux, Île de France, aus zerstoßenen Senfkörnern, die mit Weißweinessig aromatisiert werden.

Rehmousse Ganz zarter Schaum aus Rehsauce, die mit Gelatine und geschlagener Sahne hergestellt wird. Wird kalt gegessen.

Ruhen Nach dem Braten und vor dem Tranchieren sollte das Fleischstück einige Minuten zugedeckt oder in Alufolie eingepackt ruhen. So hält sich der Saft im Fleisch.

Sauce siehe Wildsauce.

Schalenwild Wildschwein, Reh, Gams, Rot-, Dam-, Sika- und Muffelwild. Diese Wildarten haben Klauen in Schalenform. Der überwiegende Teil des erlegten und verfügbaren Schalenwilds sind Jungtiere von höchster geschmacklicher Qualität.

Schwarzwild Wildschwein.

Schweinenetz Schweinenetz wird heute dazu verwendet, Rehrückenmedaillon oder Taubenbrust, die mit Farce bestrichen ist, einzupacken. Das Schweinenetz schützt beim Braten die feine Farce.

Sülze Sud, der mit Gelatine oder mitgekochtem Schweinskopf oder Kalbsfüßen geliert.

Terrine Pastete ohne Teigkruste, im Wasserbad in einer Terrinenform oder im Steinguttopf gegart.

Tranchieren Zerlegen von Braten oder Geflügel.

Überläufer Männliches oder weibliches Wildschwein im zweiten Lebensjahr.

Wildgeflügelbrühe Aus den Karkassen (angeröstet oder natur) mit Gemüse, Gewürzen und Wasser gekochter Sud.

Wildbrühe Aus Wildknochen (angeröstet oder natur) mit Gemüse und Wasser gekochter Sud. Kann durch das Sieden in den so genannten doppelten Ansatz mit Klärfleisch (Hack) und Gemüse zur doppelten Kraftbrühe, auch Consommé genannt, veredelt werden.

Wildsauce Hergestellt aus Wildknochen von Reh oder Hirsch.

Fläming Wildhandel Griebsch u. Hafemann GbR

Leipziger Straße 186

14929 Treuenbrietzen

Tel./Fax 03 37 48/1 55 97

Der Wildhandel

Harburger Straße 2a

29308 Winsen

OT Wolthausen

Tel. 0 51 43/6 67 1 94

Fax 0 51 43/6 67 1 96

E-Mail: info@derwildhandel.de

www.derwildhandel.de

Wildhandlung H. Blajus

J. Weide

Frielingen 24

29614 Soltau

Tel. 0 51 97/210

Fax 0 51 97/371

Bundesforst Hauptstelle Raubkammer

Breloherstraße 44

29633 Munster

Tel. 0 51 92/9 82 50

Fax 0 51 92/9 82 52 5

Wildhandel am Jagdschloss Springe

Jagdschloss Springe

Wildhandel Enno König

Am Jagdschloss

31832 Springe

Tel. 0 50 41/64 04 45

Heine Wildhandlung

Wildspezialitäten aus dem Leinebergland

Stephan Heine

Lütjes Feld 12

37154 Northeim/Schmiedinghausen

Tel. 0 55 54/14 40 oder 2120

Fax 0 55 54/39 08 03

E-Mail: wildhandel-heine@t-online.de

www.wildhandel-heine.de

Wildhandel Kajahn

Axel Kajahn

Prosnitz Haus 1

18574 Gustow/Rügen

Tel. 03 83 07/4 01 60

Fax 03 83 07/4 01 69

E-Mail: info@wildhandel-kajahn.de

www.wildhandel-kajahn.de

Jägervereinigung Diana Wiesbaden e.V

Wilhelm-Schliffer-Straße 11

65207 Wiesbaden

Tel. 0 61 27/ 70 41 54

Fax 0 61 27/ 70 42 64 0

www.jvdiana.de

E-Mail: info@jvdiana.de

Forstbetrieb Fürst zu Fürstenberg

Josefstraße 11

78166 Donaueschingen

Tel. 07 71/8 64 25

Fax 07 71/8 64 06

E-Mail: info@ff-forst.de

www.ff-forst.de

Jagdgesellschaft Bittelbrunn

Rainer Veit

Hauptstraße 59

78576 Emmingen

Tel. 0 74 65/6 43

Fax 0 74 65/1 86 43

Belchenjagdgesellschaft

K.-W. Gutmann

Sägegasse 24

79244 Münstertal/Schwarzwald

Tel. 0 76 36 / 230

Metzgerei Linder

Hermann Linder

Talstraße 86

79286 Glottertal

Tel. 0 76 84/92 40

Fax 0 76 84/92 30

www.metzgerei-linder.de

Forstdirektion des Wittelsbacher Ausgleichsfonds

Östliche Ringstraße 17

85049 Ingolstadt

Tel. 08 41/93 58 60

Fax 08 41/93 58 62 5

www.haus-bayern.com

Bundesforst Hauptstelle Grafenwöhr

Kellerweg 3

92249 Vilseck

Tel. 0 96 62/4 10 10

Fax 0 96 62/4 10 123

Wild Franz

Angelika Franz

Zur Drehscheibe 3

92637 Weiden

Tel. 09 61/3 23 00

Fax 09 61/3 23 01

Dornbachtal GmbH – Wild und Lamm regional

Alfons Franz

Dornmühle 1

92670 Windischeschenbach

Tel. 0 96 81/91 86 60

Fax 0 96 81/91 86 70

www.dornbachtal.de

www.wildboerse.de

Wildbretvermittlung

www.wild-aus-der-region.de

Bezugsquellen in Rheinland Pfalz

www.wildbret-online.de

Wildbretvermittlung

www.landesforsten.de

Liste der niedersächsischen Forstämter, die Wild verkaufen

Die Adresse des jeweiligen Landesjagdverbandes erhalten Sie bei:

Deutscher Jagdschutzverein

DJV-Hauptgeschäftsstelle

Johannes-Henry-Straße 26

53113 Bonn

Tel. 02 28/9 49 06 20

Fax 02 28/9 49 06 30

Wildlieferanten/Onlineanbieter
Österreich

Zentralstelle Österreich Landesjagdverbände

Wickenburggasse 3/1

A-1080 Wien

Tel. +43 (0)1/4 05 16 36-39

Fax +43 (0)1/4 05 16 36-36

www.jagd.at

Wildlieferanten/Onlineanbieter
Schweiz

JagdSchweiz ist die Dachorganisation der vier angeschlossenen
jagdlichen Teilverbände:

Schweizerischer Patentjäger- und Wildschutzverband (SPW)

RevierJagd Schweiz

Société Suisse des chasseurs (DIANA)

Federazione Cacciatori Ticinesi (FCTI)

JagdSchweiz Geschäftsstelle

Postfach 2

CH-7605 Stampa

Tel +41 (0)81/8 34 01 09

Fax +41 (0)81/8 34 01 41

info@jagdschweiz.org

www.jagd.ch

www.jagdschweiz.org

Rezeptverzeichnis

Impressum

© 3. Auflage 2007

Tre Torri Verlag GmbH, Wiesbaden

www.tretorri.de

Herausgeber

Ralf Frenzel

Idee, Konzeption und Umsetzung

CPA! Communications- und Projektagentur GmbH, Wiesbaden

www.cpagmbh.de

Mitglied der Deutschen Akademie für Kulinaristik, und fördert
Slow Food Deutschland e.V.

Fotografie

Rezepte und Kochschule

Michael Wissing, Waldkirch

Tieraufnahmen

Burkard Winsmann-Steins, Hoyershausen

Karl-Josef Fuchs

Elisavet Patrikiou, Stuttgart

Text

Carola Hauck, Frankenthal

Oliver Drerup, München

Lutz Wetzel, Freissenbüttel

Gestaltung

Ingrid Wanner, Prepressolutions GmbH, Offenbach

Reproduktion

Prepressolutions GmbH, Offenbach

Printed in Italy

Danksagung

Mit Rat und Tat hat **Joachim Ott**, Jäger aus Leidenschaft, dieses Buch begleitet: Als Spiritus Rector war er unentbehrliche Hilfe bei Konzeption und Entwicklung. Den Hausfrauen und Hobbyköchen, die die Rezepte auf ihre Alltagstauglichkeit hin überprüft und nachgekocht haben, hat er das Wild zur Verfügung gestellt. Dafür: herzlichen Dank!

ISBN 978-3-937963-21-1